U0512934

谋圣张良

善弈者赢定全局

康 桥　焦成名　编著

上海远东出版社

图书在版编目(CIP)数据

谋圣张良:善弈者赢定全局/康桥,焦成名编著.
上海:上海远东出版社,2025. --(名人智慧丛书).
ISBN 978 - 7 - 5476 - 2152 - 3

Ⅰ. K827=341

中国国家版本馆 CIP 数据核字第 2025SN2196 号

责任编辑　唐　鋆
封面设计　李　廉

名人智慧故事

谋圣张良:善弈者赢定全局

康　桥　焦成名　编著

出　　版　**上海遠東出版社**
　　　　　　(201101　上海市闵行区号景路 159 弄 C 座)
发　　行　上海人民出版社发行中心
印　　刷　临安曙光印务有限公司
开　　本　890×1240　1/32
印　　张　4.875
字　　数　82,000
版　　次　2025 年 6 月第 1 版
印　　次　2025 年 6 月第 1 次印刷
ISBN 978 - 7 - 5476 - 2152 - 3/K · 217
定　　价　25.00 元

内容提要

　　张良(？—前 190 或前 189)，字子房，秦末汉初杰出谋略家，以"运筹于帷幄之中，决胜于千里之外"的韬略，被刘邦誉为"汉初三杰"之首；又以其高超的政治智慧和卓越的军事谋略，被后人尊为"谋圣"，与"文圣"孔子、"武圣"关羽、"诗圣"杜甫等并列为中国古代十四圣之一。

　　张良的一生充满了传奇色彩：散尽家财斗强秦，博浪沙中椎秦皇，下邳桥上得兵书，忠心耿耿辅刘邦，鞠躬尽瘁为汉朝，急流勇退全其身，弃世欲从赤松游。其事迹跨越两千余年，至今仍为世人传颂。

　　本书以张良的传奇一生为线索，撷取其经历的重大历史事件，从全新的视角破解这位"帝王师"的非凡智慧，期望能给读者带来耳目一新的阅读享受。

目 录

第一章 千古"谋圣"张良

秦皇横扫六合,结束了战国以来列国纷争的割据局面,建立了新兴的中央集权制封建国家,迎来了短暂的繁荣昌盛。但秦皇的暴虐统治、繁重的赋税和无休止的徭役,激起了人民的群起反抗。

陈涉[①]率先发难,斩木为兵,揭竿而起,振臂一呼,天下响应,拉开了秦末农民起义的序幕。陈涉虽然遇害,但是反抗暴秦统治的起义依然风起云涌,波澜壮阔,沉重地打击了秦朝政权。不可一世的秦帝国处于风雨飘摇之中,最终,秦王子婴白马素车、奉玺投降,秦帝国短暂的大一统统治宣告结束。

秦失其鹿,天下纷争。刘邦异军突起,历经坎坷,浴血

---

① 陈涉(陈胜,?—前208) 秦末农民起义领袖,前209年在大泽乡首倡反秦,建"张楚"政权,提出"王侯将相宁有种乎",次年遭部将杀害,起义虽败但加速秦亡。

奋战，最终逼死了睥睨群雄的西楚霸王项羽，消灭了最后的竞争对手，捷足先登，独得九鼎，开创了历时长达200多年的西汉王朝。

刘邦[①]以布衣之身起家，力并群雄，最后夺得了天下。对此，刘邦不无感慨。有一次，他在洛阳南宫大宴群臣，乘着醉意问群臣："你们都说一说，我为什么能够得天下，项羽为什么会失天下？"

高起、王陵回答说："陛下慢而侮人，项羽仁而爱人。然陛下使人攻城略地，所降下者因以予之，与天下同利。项羽妒贤嫉能，有功者害之，贤者疑之，战胜而不予人功，得地而不予人利，此所以失天下也。"意思是说，陛下你虽然待人轻慢，爱侮辱人，但是将士们攻城略地之后，你能够论功行赏，与大家利益共享；而项羽却嫉贤妒能，将士们打了胜仗得不到封赏，夺取了土地得不到封地。所以，项羽就失掉了他的天下。

刘邦得意扬扬地说："公知其一，不知其二。夫运筹策帷帐中，决胜千里外，吾不如子房；镇国家，扶百姓，给馈饷，不绝粮道，吾不如萧何；连百万之军，战必胜，攻必取，吾不

---

① 刘邦（前256或前247—前195）　西汉开国皇帝（前202—前195在位），沛县人，起兵灭秦后楚汉之争胜项羽，建汉定都长安。推行休养生息，诛韩信等功臣，奠定汉制基础。

如韩信。此三者,皆人杰也,吾能用之,此吾所以取天下也。项羽有一范增而不能用,此其所以失天下也。"这里,刘邦高度评价了张良卓越的政治智慧和军事谋略,并把他列为"汉初三杰"之首,由此可见张良在刘邦心目中的地位以及受倚重的程度。而那句"运筹策帷帐中,决胜千里外"的评语则成为历代对于军师和谋士等参谋人员的最高评价。

张良何许人也?他有何德何能能够当此评语?他又有怎样的传奇人生呢?就让我们一起回到两千多年前那充满硝烟和战火的峥嵘岁月吧!

第一节 张良的传奇人生

张良是中国历史上一位颇具传奇色彩的智囊人物。

刘邦屡遭困厄,而张良总能在关键时刻挺身而出,常献奇谋,屡建功业,成为秦末汉初杰出的军事谋略家,刘邦的左膀右臂,他也因此博得了"运筹于帷幄之中,决胜于千里之外"的美誉。

后人也给予张良很高的评价,他被赞誉为"谋圣",他的名字在中国也成了智慧和谋略的代名词,与"文圣"孔子、"武圣"关羽、"诗圣"杜甫等人一起并列为中国古代的十四位圣人之一。

那么，"谋圣"张良到底有怎样的传奇经历，又拥有怎样高超的智慧和谋略呢？现在，就让我们揭开"谋圣"的神秘面纱，一同走进张良的真实人生……

虽然张良是赫赫有名的"汉初三杰"之首，但史籍中对其人生之初情况的记载，有的只是寥寥数笔，有的干脆只字不提，这更为张良本来就富有传奇色彩的人生经历增添了一抹神秘的色彩。

第一，张良生于何时？

对于张良出生的具体时间，作为正史的《史记》和《汉书》都未有明确的记载，我们当然不得而知，或许这将成为一个永久的谜。

但是，对于张良出生的大致时间，我们还是可以推测的。《史记·留侯世家》有"父平，相釐王、悼惠王。悼惠王二十三年，平卒。卒二十岁，秦灭韩。良年少，未宦事韩"的记载，这无疑给我们提供了宝贵的线索。

张良的父亲死于韩悼惠王二十三年，根据历史年表换算，这一年是公元前250年，也就是说，张良最晚在公元前250年已经出生，因为总不至于父亲已经去世，而儿子还没有出生吧，除非是遗腹子，况且据说张良还有个弟弟呢！秦灭韩国是在公元前 230 年,这时张良 20 岁出头,与《史记》中"良年少,未宦事韩"的记载相吻合,可为佐证。

另外,《郏县名胜古迹》一书中有张良"生于韩悼惠王十八年四月初十"的说法,韩悼惠王十八年是公元前 255 年。此说的真实性和可靠性还有待进一步考证,这里顺便提出,仅供读者参考。

第二,张良生于何地?

对于张良的出生地,《史记》和《汉书》都未有只言片语,民间也是众说纷纭,莫衷一是。有人认为是河南郏县,还有人认为是河南新郑。下面简要介绍一下这几种观点。

"郏县说"认为,张良出生在今河南郏县东。

所依据的理由有二,一是唐代的《括地志》载:"张良,汝州郏县东三十里人。"二是 1980 年版《辞海》载:"张良,今河南郏县东人。"1999 年版《辞海》谓其为宝丰县东,郏县与宝丰相邻,亦指此地。

"新郑说"则认为,张良出生在河南郑州的新郑。

所依据的理由是,据《史记·留侯世家》记载,从张良的祖父开始,家族两代相韩,共辅佐过五位君王,因此,张良大概出生于韩国都城内的宰相府,而当时韩国的都城就位于今天的新郑一带。

除上述观点以外,还有"亳州说""禹州说"等观点,兹不

——介绍。

第三，张良姓甚名谁？

乍一听，这个问题似乎有点怪，既然名叫张良，当然应该是姓张名良，实际上并非如此。

其实，张良本不姓张，而是姓姬，与韩国君主的祖先同姓，《史记·韩世家》载："韩之先与周同姓，姓姬氏。"所以张良不叫张良，而应该叫姬良。

说起张良改名的原因，可以追溯到博浪沙事件。公元前218年春天，张良在博浪沙行刺秦皇失败之后，为了逃过官府的追捕，来到了江苏下邳，"乃更名姓"。可能就是从这个时候起，他才开始改姓张。后来，世间关于他"运筹帷幄"的传奇太多，以至于人们都忘了他的真名实姓了。

对于张良的传奇一生，《史记·留侯列传》和《汉书·张陈王周传》都有大量的记载，而以《史记》的记载尤为详尽。

张良（？—前186），字子房，相传为战国末期韩国城父（今河南宝丰东）人，出身于贵族世家，他的祖父与父亲先后辅佐过五代韩王。

公元前230年，韩国为秦国所灭。张良一心为韩报仇，散尽家财寻找刺客，后与力士在博浪沙（今河南原阳东南）狙击秦始皇，未遂，逃亡至下邳（今江苏睢宁北），并幸运地从黄石老人那里得到了《太公兵法》。

公元前 209 年,陈胜吴广在大泽乡起义,张良也率众响应,后投奔刘邦麾下。不久,张良游说项梁成功,拥立韩成①为韩王,并担任司徒一职。

沛公受楚怀王之命,一路向西进军,来到峣关。沛公打算派两万人进攻峣关,张良劝他先派人带着金银财宝去引诱秦将,秦将果然上当,刘邦趁机率军发动突然袭击,一举攻下峣关。

攻占咸阳后,刘邦迷恋富贵,安然享乐。张良与樊哙②一起,苦口婆心劝谏刘邦撤出秦宫,还军霸上,以待诸侯军队的到来。

当时,项羽率领 40 万大军西进鸿门,妄图消灭刘邦。面对敌我力量的悬殊,张良主动献计,并陪同刘邦亲至鸿门,从中斡旋,最终使刘邦安然脱身,回到军营。

公元前 206 年,刘邦受封汉王,统治偏僻的巴蜀和汉中一带,这使刘邦大为不满,后接受张良的建议,隐忍就国,西走汉中,并焚烧沿途经过的栈道,以示天下其无意东归。

———————

① 韩成(? —前 206) 韩襄王后裔,项羽封为韩王以牵制刘邦。前 206 年被项羽所杀,其势力范围引发楚汉争夺,原部属张良转投刘邦成重要谋士。

② 樊哙(? —前 189) 刘邦嫡系将领,沛县屠夫出身,鸿门宴护主闻名。汉初封舞阳侯,娶吕后妹吕须,后因吕氏专权险被诛,病逝于文帝初年。

公元前 205 年春天，刘邦率领诸侯联军夺取楚都彭城。项羽闻讯后，急率 3 万精兵南下回救，将刘邦联军一举击溃。刘邦被迫撤退，行至下邑时，接受张良的建议，将关东之地封给黥布①、彭越与韩信②，争取到了他们的支持。

公元前 204 年，刘邦被项羽围困在荥阳。为了摆脱战略上的困境，刘邦接受了郦食其的建议，准备封立六国的后代。张良知悉后，借箸筹划，纵谈天下形势，八论分封之不可，使得刘邦恍然大悟，抛弃了分封之策。

公元前 203 年，韩信在北方连战告捷，并顺利占领了齐地。韩信见齐地富庶，派人向被困荥阳的刘邦请封假齐王。刘邦见信大怒，当着使者的面大骂韩信，指责其拥兵自重，不来援救自己。张良、陈平见状，急忙加以制止，并晓之利害，刘邦遂改口骂道："大丈夫定诸侯，即为真王耳，何以假为！"于是，派张良到韩信处，将其立为齐王，同时分韩信之兵。

公元前 203 年，刘邦与项羽讲和，双方以鸿沟为界，平分天下，刘邦打算西还。这时，张良与陈平劝刘邦应该乘势

---

① 黥布（英布，？—前 195） 因受黥刑得名，初随项羽破秦，后叛楚归汉。汉初封淮南王，因韩信、彭越被杀而反叛，兵败逃亡途中被番阳人诱杀。

② 韩信（？—前 196） 汉初军事天才，助刘邦定三秦、灭项羽，官至齐王。前 196 年被吕后诱杀于长乐宫，留下"鸟尽弓藏"典故，葬仪存争议。

追歼项羽,以免养虎遗患。于是,刘邦决定乘势东进,使项羽无喘息之机。

为了集结大军灭楚,刘邦听从张良之计,答应灭楚之后,将陈县以东到海滨一带地方都封给韩信,把睢阳以北到谷城的地方都封给彭越①,果然,韩信、彭越大喜,率军南下与刘邦一起兵围垓下,并于公元前202年逼迫项羽自刎于乌江,楚汉战争最终以刘邦的胜利而告终。

公元前201年,刘邦开始封赏功臣,先后分封了20余位功臣,其余将领因"争功不决"而暂未得封,都心怀不满。张良向刘邦建议封赏最令其憎恶的大臣雍齿为什方侯,巧妙地打消了大臣们的疑虑,稳定了统治集团内部。

汉王朝建立后,对于建都何处,存在两种不同的观点。多数大臣是山东六国人,都主张定都洛阳,而娄敬②则主张定都关中,刘邦犹豫不决。张良将建都两处的利弊详加对比,终于使刘邦决定定都长安。

张良身为谋臣,没有战功,但他屡出奇计,深受刘邦的倚重,刘邦赞誉他"运筹策帷帐中,决胜千里外",并让其在

① 彭越(? —前196)　游击战鼻祖,初为巨野泽盗,助刘邦攻楚封梁王。前196年以"谋反"罪被诛,尸体制醢分赐诸侯,家族遭夷灭。
② 娄敬(刘敬,生卒年不详)　齐地戍卒,前202年献策刘邦定都关中,首倡与匈奴和亲,主张迁豪族入关,受赐刘姓,曾活跃于汉初政治决策层。

富庶的齐国选择 3 万户作为食邑。但张良居功而不自傲，恳请以第一次与刘邦相见的留地作为自己的食邑，刘邦表示同意，张良因而被封为留侯。

刘邦曾欲废黜太子刘盈①，吕后问计张良，本来决意远离宫廷纷争的张良无奈，只好提出了请商山四皓的计策，最终使刘邦放弃了废长立幼的错误决定，巩固了新生的西汉政权。

西汉建立后，张良借口体弱多病，逐渐从权力中心淡出，他常常闭门不出，学辟谷、导引之术，还宣称打算从赤松子游，名为求仙问道，实为明哲保身，最终，张良成为汉初三杰中唯一得以善终之人。

公元前 186 年，张良病逝。

张良虽是一介文弱书生，不曾金戈铁马，横扫千军，却以军事谋略而著称。他一生反对暴秦，辅助高帝，建立了不可磨灭的功勋；运筹帷幄，常常是决胜千里。后世史家，无不浓墨重彩地书写他那深邃的智慧，极力称赞他那神妙的权谋。

---

① 刘盈（前 210—前 188）　汉惠帝（前 195—前 188 在位），刘邦嫡子。性格仁弱，目睹戚夫人成"人彘"后不理朝政，实权归吕后，23 岁早逝。

第二节　张良墓与张良庙

对于张良晚年的活动,史家的记载多是语焉不详,其行踪也鲜为人知,以至于蒙上了一层神秘色彩,而张良死后究竟埋骨何处,也成了千古之谜。

关于张良的埋骨之处,人们曾有各种猜测,归纳起来有以下四种说法。

第一种说法是,张良埋骨于今徐州沛县。

此种说法是以唐代的文献记载为依据。据唐代《括地志》记载:"汉张良墓在徐州沛县东六十五里,与留城相近也。"又载:"故留城在徐州沛县东南五十五里,今城内有张良庙也。"

当初刘邦分封功臣的时候,曾经让张良"自择齐三万户"作为自己的封地,但张良以留城是当年自己与刘邦首次相见之地为理由,要求把留地封给他,"臣愿封留足矣,不敢当三万户"。

由于张良的封地是留,死后埋葬在封地留城附近,即使在今天看来也是符合人之常情,是合理的事情。由于唐代距汉不远,又有文献记载,因此这种说法有较强的说服力。

第二种说法是，张良埋骨于今湖南张家界的青岩山。

此种说法有两处地方志记载作为依据。据清道光年间《永定县志》记载："张良，相传从赤松子游。有墓在青岩山，时隐时现。"

该书中另有一处记载："汉留侯张良墓，在青岩山。良得黄石公书后，从赤松子游。诣中天门、青岩各山，多存遗迹。"

根据《史记》记载，张良确实曾在被封为留侯后，向刘邦作了"愿弃人间事，欲从赤松子游"的表白。

综合上述文献，青岩山山水奇丽、林木清幽、景色秀美，张良晚年前往隐居学道并于死后葬于该地，这也不是不可能的。

第三种说法是，张良埋骨于今河南省兰考县。

在今河南省兰考县境内，的确存有一座张良墓。该墓位于兰考县城西南 6 千米的三义寨乡曹辛庄车站的南侧，紧靠着陇海铁路线。据有关材料记载，该墓冢高约 10 米，周长约 100 米，保护区面积约为 35 000 平方米。墓冢周围古木参天，松柏环绕，郁郁葱葱，一派肃穆的气氛。

此外，当地还流传着关于张良的一些传说。据说汉高祖刘邦死后，吕氏开始专权，张良便托病隐居于东昏县（在今河南省兰考县）西南的白云山，死后就葬在这里。后代的戏曲、小说等文学作品中也有类似的说法:张良功成名就之后,为了保全自己,避免重蹈兔死狗烹的下场,就纳还冠盖,辞朝学道,刘邦听说后急追至白云山,不料张良已经飘然而去,从此不知所终。

20 世纪 50 年代,张良墓冢一侧尚存有张良庙。据有关资料记载,当时有山门 3 间,大殿 3 间,东西厢房各 4 间,呈四合院布局。庙内外共有石碑 6 座,墓区内有柏树 209 棵,杨树 16 棵。20 世纪 60 年代,庙宇被拆除,石碑全被砸。后来由于人为因素的破坏,张良墓地的面积也有所缩小,树木的数量也有所减少。

第四种说法是,张良埋骨于今山东省微山县的微山岛上。

在今微山县的微山岛上,现存有一座张良墓。该墓冢位于微山的西麓、微子墓南约 1.5 千米处。

张良墓的墓形是下方上圆,墓冢高约 15 米,长宽各 100 米。墓冢前面有一块清乾隆二年立的石碑,石碑高约 1.7 米,宽约 0.9 米,厚约 0.16 米,上书有"汉留侯张良墓"六个大字。张良墓冢的东侧原有一座张良祠,后因故被拆除。

当地传说张良体弱多病,晚年就在封地留城休养,死后葬于留城东面的微山岛上。现在,墓前还有一个很大的村庄叫"墓前村"。

上面谈了张良的四个墓冢，至于张良是否埋骨其中，抑或另葬他处，现在人们还不得而知，有待考古发现或专家研究。但是用于祭祀的张良庙就似乎没有那么多神秘色彩了，它留给人们更多的只是一种对"谋圣"的敬仰与缅怀。

据说，最早的张良庙是由张良的十世玄孙汉中王张鲁①所建，距今有1700余年，原址位于陕西省汉中市留坝县的紫柏山顶，约在明清之际移至山下。而今，张良庙坐落于紫关岭南麓、紫柏山东南脚下的庙台子街上，距留坝县城约17千米。

相传张良急流勇退后，隐居于此，后人因仰慕他"明哲保身"的政治智慧和"功成不居"的广阔胸襟，在此建庙奉祠。因他曾被分封为"留侯"，故又名"留侯祠"，俗称"张良庙"。

张良庙现有6座大院，150余间殿宇，总建筑面积约为1.4万平方米，是陕西大型祠庙之一。庙的总体布局是院院相连，亭阁星罗。庙内现存摩崖石碑100多块，木匾50多面，木刻、石刻对联30多副。

来到张良庙前，首先映入眼帘的是彩石基座的庙门，上

---

① 张鲁（？—216）　东汉末五斗米道首领，据汉中行政教合一，215年降曹操，封阆中侯。道教尊为"系师"。

有"汉张留侯祠"五个朱红大字，大门左右两边镌刻着一副对联：

博浪一声震天地

圯桥三进升云霞

进入庙门，便踏上一座连通二门的大木桥，名曰"进履桥"，取张良在圯桥为黄石公①捡鞋穿鞋的典故而设计建造。当年苏轼曾在这里吟诵："曾闻圯上逢黄石，久矣留侯不见欺。"桥上有栏杆和靠椅，桥下流水潺潺。

越过木桥，便是高大的保安观，入门后，左右有钟、鼓楼，院中央矗立着"灵霄殿"，但见八角飞檐，琉璃瓦饰顶，彩绘拱斗屋檐，颇为壮观。殿侧分列"三清殿""三官殿""三法殿"等配殿。

从殿侧向北经过遍立历代名人碑碣的前后过庭，便进入大殿所在院落。大殿雄伟庄严，殿前悬有白金匾额，上书"帝王之师"四个金光灿灿的大字，使人不由想起李商隐的诗句"张良黄石术，便为帝王师"。大殿殿门有对联一副：

---

① 黄石公(传说人物)　相传为秦末隐士，授张良《太公兵法》，"圯上纳履"考验其心性，生卒无考，后世视为道家神秘智者象征。

毕生彪炳功勋启自授书始
历代崇丰烟祀端由辟谷开

　　殿内供奉着张良的塑像,道骨仙肌,智慧卓然。殿堂门楣遍布称颂的匾额,如"急流勇退""机谏得宜""智勇深沉"等;殿堂立柱饰有众多对联,如:"秦世无双国士,汉廷第一名臣""富贵不淫,有儒者气;淡泊明志,作平地神"等。

　　大殿右侧南花园的池中有张良"辟谷学仙"的"辟谷亭",左侧北园建有"洗心池",还有张良拜黄石公为师的"拜师亭",另有张良学成身退、返回云山的"回云亭"。

　　通过翠竹蔽荫的曲径盘道再攀援直上,便到了庙中的制高点,恍若人间仙境的"授书楼",取自黄石公给张良授书之意。这座重檐飞角的亭子是用大理石和南阳玉砌筑而成,离地高约百米,显得高雅别致。登楼远眺,峰峦起伏,林海苍茫,神意飘然。

　　张良庙依水傍山,古朴典雅,终年云霭缭绕,颇有仙家灵气,它融名胜古迹、文物、风景于一体,现在已是陕南著名的游览胜地。

第三节 大家谈张良

太史公司马迁谈张良

太史公曰:学者多言无鬼神,然言有物。至如留侯所见老父予书,亦可怪矣。高祖离困者数矣,而留侯常有功力焉,岂可谓非天乎?上曰:"夫运筹策帷帐之中,决胜千里外,吾不如子房。"余以为其人计魁梧奇伟,至见其图,状貌如妇人好女。盖孔子曰:"以貌取人,失之子羽。"留侯亦云。

译文

太史公说:学者大都说世间没有鬼神,然而又说存在精怪。至于像留侯遇见老人赠书的事,这也够奇怪的了。高祖遭遇困厄的情形有许多次,而留侯常在这种危急时刻建功效力,难道说这不是天意吗?高祖皇帝说:"在营帐之中出谋划策,在千里之外决定胜负,我不如子房。"我原本以为此人大概身材魁梧,相貌奇伟,等到看见他的画像,发现他的相貌像一个美丽的女子。孔子说过:"只凭借相貌来评判人的品质能力,就差点错失像子羽那样相貌丑陋的人才。"对留侯来说也是如此。

北宋政治家司马光谈张良

臣光曰:夫生之有死,譬犹夜旦之必然;自古及今,固未尝有超然而独存者也。以子房之明辨达理,足以知神仙之为虚诡矣;然其欲从赤松子游者,其智可知也。夫功名之际,人臣之所难处。如高帝所称者,三杰而已。淮阴诛夷,萧何系狱,非以履盛满而不止耶! 故子房托于神仙,遗弃人间,等功名于外物,置荣利而不顾,所谓"明哲保身"者,子房有焉。

译文

大臣司马光说:人有生就有死,就好像有夜必有昼一样;从古到今,从来就没有能够超脱于此而长生不老的。子房明辨事理,当然知道神仙之事是虚妄的;然而他打算从赤松子游,其聪慧可见一斑。功名利禄,是人臣最难处理和把握的。比如为高帝所称赞的,只有汉初三杰而已。淮阴侯被诛杀,萧何被逮捕入狱,难道不是因为欲壑难平吗? 所以,张良借口求仙,抛弃世事,把功名利禄看作身外之物,置荣华富贵于不顾,所谓明哲保身,子房确实做到了呀!

宋代文学家苏轼谈张良

留侯论

苏　轼

古之所谓豪杰之士，必有过人之节，人情有所不能忍者。匹夫见辱，拔剑而起，挺身而斗，此不足为勇也。天下有大勇者，卒然临之而不惊，无故加之而不怒，此其所挟持者甚大，而其志甚远也。

夫子房受书于圯上之老人也，其事甚怪。然亦安知其非秦之世有隐君子者，出而试之？观其所以微见其意者，皆圣贤相与警戒之义。而世不察，以为鬼物，亦已过矣。且其意不在书。

当韩之亡、秦之方盛也，以刀锯鼎镬待天下之士。其平居无事夷灭者，不可胜数。虽有贲、育，无所复施。夫持法太急者，其锋不可犯，而其势未可乘。子房不忍忿忿之心，以匹夫之力，而逞于一击之间。当此之时，子房之不死者，其间不能容发，盖亦危矣！千金之子不死于盗贼，何哉？其身可爱，而盗贼之不足以死也。子房以盖世之才，不为伊尹、太公之谋，而特出于荆轲、聂政之计，以侥幸于不死，此圯上老人所为深惜者也！是故倨傲鲜腆而深折之，彼其能有所忍也，然后可以就大事，故曰："孺子可教也。"

楚庄王伐郑，郑伯肉袒牵羊以迎。庄王曰："其主能下人，必能信用其民矣。"遂舍之。勾践之困于会稽，而归臣妾于吴者，三年而不倦。且夫有报人之志，而不能下人者，是匹夫之刚也。夫老人者，以为子房才有余，而忧其度量之不足，故深折其少年刚锐之气，使之忍小忿而就大谋。何则？非有平生之素，卒然相遇于草野之间，而命以仆妾之役，油然而不怪者，此固秦皇之所不能惊，而项籍之所不能怒也。

观夫高祖之所以胜，项籍之所以败者，在忍与不能忍之间而已矣！项籍唯不能忍，是以百战百胜，而轻用其锋。高祖忍之，养其全锋而待其敝，此子房教之也。当淮阴破齐，而欲自王，高祖发怒，见于词色。由此观之，犹有刚强不能忍之气，非子房其谁全之？

太史公疑子房以为魁梧奇伟，而其状貌乃如妇人女子，不称其志气。呜呼，此其所以为子房欤！

译文

古时候所说的豪杰人物，必定具有超过众人的克制力，能够忍受一般人所无法忍受的境遇。一个普通的人受到侮辱，拔剑而起，挺身上前搏斗，这称不上是真正的勇敢。天下有一种真正勇敢的人，屈辱突然来临而不震惊，无缘无故地被施加侮辱也不动怒。为什么他们能够做到这样呢？这是因为他担负的任务重大，而他希望得到的前途也很远大啊。

　　张良在桥上接受老人赠送兵书这件事，确实很古怪。但是，怎么知道那不是秦代的一位隐居君子，出来试探并考验张良呢？观察他所做的那件细微的小事所体现出来的意图，都是古来圣贤相互警示告诫的意思。可是一般人不细心考察，就误把那老人当作鬼神，实在也太荒谬了。再说，桥上老人的真正用意并不在于授给张良兵书（而在于使张良能够学会隐忍，以便将来能成就大事）。

　　在韩国灭亡的时候，秦国正处于强盛之时，秦皇用刀锯、油锅对付天下的志士，甚至那些平时在家、从不生事的人被平白无故抓去杀头灭族，这样的事数也数不清。这时虽然有孟贲、夏育那样的勇士，也再没有施展本领的机会了。凡是执法过分严厉的君王，他的刀锋是不好硬碰的，而这种情势也是没有机会可乘的。张良压抑不住他对秦王愤怒的情感，凭借他个人的力量，竟想快意于一次突然的狙击之中。当时，他居然没有被捕杀，那间隙却连一根头发也容纳不下，也太危险了！富贵人家的子弟，是不会死在和盗贼搏斗上，这是为什么呢？因为他们的生命宝贵，犯不上和盗贼去拼命。张良有超过世上一切人的才能，不去做伊尹、姜尚那样深谋远虑之事，却只学荆轲、聂政行刺的下策，以求由于侥幸得逞而没有死掉，这必定是桥上老人深深为之惋惜的地方啊。于是，那老人故意用傲慢无礼的态度来深深羞辱他,如果他能忍受得住,然后才可以凭借这而成就大事,所以老人说:"你这小伙子我愿意教导教导啊。"

楚庄王攻打郑国,郑襄公脱去上衣裸露着膀子、牵着羊出来迎接。庄王说:"国君能够对人谦让,宁愿委屈自己,那他一定能够以信义来管理他的人民。"于是便释放了他。越王勾践被困于会稽之时,能以奴仆的身份归附于吴国,好几年都不懈怠。再说,有向人报仇的志向,却不能做人下人的,是普通人的刚强而已。那位老人,以为张良才智有余,而担心他度量不够,因此深深挫折他年轻人的刚强锐气,使他能忍得住小怨愤去成就远大的谋略。我为什么这样说呢?老人和张良平时并没有什么老交情,突然在郊野之间相遇,却拿奴仆的低贱之事让张良来做,张良居然从从容容而不觉得怪异,这样的话,自然秦始皇不能使他惊恐,项羽不能使他发怒。

观察汉高祖之所以取得成功,项羽之所以最终失败,原因就在于一个能够忍耐、一个不能够忍耐罢了。项羽不能忍耐,战争中是百战百胜,因而就随便使用他的力量。汉高祖能忍耐,保全了自己完整的力量,这大概是张良教他的吧。当淮阴侯韩信攻破齐国要自立为王时,高祖为此大发雷霆,语气和脸色都显现出来。从此处可看出,他还有刚强不能忍耐的气度,如果不是张良,谁又能够成全他呢?

司马迁本来猜想张良的形貌一定是魁梧奇伟的,谁料到他的长相竟然像妇女,这与他的志气和度量很不相称。啊!这就是张良之所以成为张良的原因吧。

南朝诗人谢宣远咏张良诗

张子房诗

谢宣远

王风哀以思,周道荡无章。

卜洛易隆替,兴乱罔不亡。

力政吞九鼎,苛慝暴三殇。

息肩缠民思,灵鉴集朱光。

伊人感代工,聿来扶兴王。

婉婉幕中画,辉辉天业昌。

鸿门消薄蚀,垓下殒挽抢。

爵仇建萧宰,定都护储皇。

肇允契幽叟,翻飞指帝乡。

惠心奋千祀,清埃播无疆。

神武睦三正,裁成被八荒。

明两烛河阴,庆霄薄汾阳。

鎣旒历颓寝,饰像荐嘉尝。

圣心岂徒甄,唯德在无忘。

逝者如可作,揆子慕周行。

济济属车士，粲粲翰墨场。

瞽夫违盛观，竦踊企一方。

四达虽平直，蹇步愧无良。

飡和忘微远，延首咏太康。

唐代大诗人李白咏张良诗

经下邳圯桥怀张子房

李 白

子房未虎啸，破产不为家。

沧海得壮士，椎秦博浪沙。

报韩虽不成，天地皆震动。

潜匿游下邳，岂曰非智勇？

我来圯桥上，怀古钦英风。

唯见碧流水，曾无黄石公。

叹息此人去，萧条淮泗空！

宋代政治家王安石咏张良诗

张 良

王安石

汉业存亡俯仰中，留侯于此每从容。

固陵始义韩彭地，复道方图雍齿封。

宋代诗人唐荐咏张良诗

子房庙

唐 荐

博浪沙头触副车，潜游东夏识真符。
风云智略移秦鼎，星斗功名启汉图。
商老已来宁少海，赤松还约访仙都。
雍容进退全天道，凛凛高风万古无。

宋代诗人黎廷瑞咏张良诗

张子房

黎廷瑞

早见沧海君，晚师黄石公。
力士不得力，驱使芒砀龙。
仁义以为锥，气盖百代雄。
一击函谷碎，再击乌江空。
从容一筹毕，全汉酬其功。
何乃不自知，而以留见封。
酂侯辱械系，淮阴叹藏弓。

彼皆为人役，讵敢望此翁。

辟谷岂其然，视世与谷同。

可怜商山老，亦堕子术中。

宋代哲学家邵雍咏张良诗

读张子房传吟

邵　雍

汉室开基第一功，善哉能始又能终。

直疑后日赤松子，便是当年黄石公。

用舍随时无分限，行藏在我有穷通。

古人已死不复见，痛惜今人少此风。

清代张楚玉咏张良诗

留侯洞

张楚玉

汉家宫阙归秦京，汉室元勋韩地生。

博浪明沙寒日色，钧阳古洞起秋声。

祠遗故园归初去，封愿留侯淡世名。

西望霜陵何所似，清风唯共碧泉鸣。

清代曾国藩咏张良诗

留侯庙

曾国藩

小智徇声荣，达人志江海。

咄咄张子房，身名大自在。

信美齐与梁，几人饱葅醢。

留邑兹岩疆，亮无怀璧罪。

国仇亦已偿，不退当何待。

郁郁紫柏山，英风渺千载。

遗踪今则无，仙者岂予绐。

揭来瞻庙庭，万山雪皑皑。

赤日岩中生，照耀金银彩。

亦欲从之游，惜哉吾懒怠。

第二章　青年任侠得兵书

第一节　博浪沙谋刺秦皇

公元前 221 年,秦始皇消灭了最后一个东方大国齐国,历时十载,最终完成了统一中国的大业,开创了"六王毕,四海一"的大一统局面,建立了我国历史上第一个统一的中央集权的封建国家。

秦始皇统一天下后,为了加强对全国的统治,防止人民反抗,采取了一系列措施。

他先是强令六国的旧贵族全部迁居咸阳,还"徙天下豪富于咸阳十二万户",以便可以随时监控他们,防止六国后裔东山再起。

同时,秦国强行收缴民间的兵器,"聚之咸阳,销以为钟镰,金人十二,重各千石",陈列在宫门之外,以防止百姓拥有武器而造反。故而当陈涉起义时,戍卒们"斩木为兵,揭竿为旗"。

秦始皇为了炫耀武力,威慑各种反秦势力,经常到全国各地巡视,祭祀名山大川,并刻石颂德,宣扬自己的文治武功。

种种政治措施带来的只是秦国表面上的风平浪静,秦始皇残酷而暴虐的统治早已为大秦帝国的覆灭埋下了祸根,各种反秦势力暗涛汹涌。

秦灭六国之时,囚杀六国君臣,屠戮天下百姓,毁其宗庙社稷,又劫掠珍玩珠宝,搜求美女娇娃,运往秦都咸阳,供其淫乐享用。

秦始皇滥用民力,沉重的赋税、永无休止的徭役,再加上苛酷的刑罚,都压得普通百姓喘不过气来,给人民带来了深重的灾难。

六国的忠臣义士,每念于此,无不咬牙切齿,痛恨秦始皇,常思为六国君臣报仇,意图恢复故国,然而由于秦始皇戒备森严,防范严密,他们一时也无从下手,故而常有扼腕之叹。

秦始皇二十九年(前218),仲春。

中原大地春意盎然,万物勃发。在咸阳通往东方的驰道上,浩浩荡荡地行进着一支队伍,前有仪仗开道,日月龙凤旌旗飘飘,金瓜斧钺灿然夺目,云幡宝盖鲜艳华美;中有銮舆、副车,宽敞华贵,鱼贯而行,左右武士护驾,虎背熊腰,顶盔贯甲,刀枪如林;后有侍卫相随,个个紧身短衣,身手矫健,负责警戒。

銮舆中端坐的就是翦灭群雄、不可一世的秦始皇,只见他双目微睁,神态安详,志得意满地打量着自己的无限江山。这已是秦始皇第二次东巡了。

一日,车队来到了原阳县境内,缓缓行进在博浪沙的驰道上。这段驰道向来是官民往来的大道,只是地势略低,两旁并无崇山峻岭,只是土丘夹道,百草丛生,树高林密。

突然,从路边的密林中飞来一个大铁椎,只听得哗啦啦一阵巨响,将秦始皇銮舆前面的副车砸得粉碎。原来,秦始皇十分狡猾,为了防止遭人暗算,常常要副车假扮銮舆在前,自己的座车随后。

护驾武士闻声先是一惊,随后迅速拥向了秦始皇的銮舆,面向四周,一字排开,将銮舆团团护住。

不久,前面的侍卫抬着大铁椎,急匆匆地跑过来报告:"启奏陛下,有刺客!"

秦始皇瞟了一眼铁椎,心里不由地倒吸了一口凉气,嘴上故作镇定地说:"把刺客带上来。"

侍卫战战兢兢地说："启奏陛下，我等已在四周搜过，没有发现刺客身影。"

秦始皇虎目一瞪，说："若无刺客，这铁椎从何而来呀？定是尔等不够用心，致使刺客逃脱。来呀，传朕口谕，全国缉拿刺客，朕定要将他碎尸万段。"

圣旨一下，迅速传遍全国，一场为期十天的全国性大搜捕开始了。然而，十天很快过去，刺客仍然杳无音讯，没能捉到，秦始皇也无可奈何，最后只好不了了之。

刺客到底是谁呢？

投椎之人乃是一名力士，史书上并未载其姓名，因而也不好妄加猜测。而主使之人当时虽是无名之辈，后来却声名远播，他就是被后人尊称为"谋圣"的张良。

张良，字子房，是战国末期的韩国人，出生于贵族世家。他的祖父名叫开地，曾经担任过韩昭侯、宣惠王和襄哀王的宰相，可以说是三朝元老。他的父亲名平，曾经辅佐过韩釐王和悼惠王。到了张良时代，韩国国力早已衰落，最终于公元前230年被秦国所灭，成为战国七雄中第一个灭亡的国家。

韩国的灭亡，不仅使张良失去了继承父亲事业的机会，也丧失了显赫荣耀的家族地位，使他对秦国产生了强烈的复仇情绪。

张良常说："我虽然不曾在韩国担任一官半职，但家族世受韩侯的恩惠，作为子孙，我理当为韩国报仇雪恨，重新复立韩国。否则，我死后又有何面目去见列祖列宗，去见历代韩王？"

当时，韩国虽然已经灭亡，但张良家中比较富裕，颇有资财，据史书记载，"良家僮三百人"，可见仍是一个钟鸣鼎食之家。

一心为韩国报仇的张良，此时已无心料理家务，甚至连弟弟死了他也没有按照当时的习俗进行厚葬，而是草草掩埋。随后，他又遣散了家中的僮仆，打算用家中全部钱财去寻求勇士，刺杀秦始皇。

无奈，张良一连几年都没能找到合适的人选，心想："天下之大，何患无勇士可寻？不如我以游学为名，到全国各地看看，或许可以物色到像专诸①、荆轲一样的勇士，这样，刺杀秦皇的大业就有望了。"

于是，张良收拾行装，开始奔波于各地，处处留意，时时打听，然而千金易得，一士难寻。

后来，张良游历到淮阳，听说沧海君豪侠尚义，且门下

---

① 专诸（？—前515）　春秋吴国刺客，受公子光指派，藏鱼肠剑于炙鱼刺杀吴王僚，当场被杀。其子专毅后被吴王阖闾封赏，事迹载于《史记·刺客列传》。

多奇人异士,心想或许他对自己能有所帮助,于是亲自前去拜访。

两人倾心交谈,相见甚欢,张良将刺秦之事坦诚相告,沧海君为张良的雄心和勇气所折服,就答应帮助张良寻找力士。

功夫不负有心人,在沧海君的推荐下,张良终于找到了一个力士,此人身长八尺,相貌奇伟,膂力惊人,惯使单锥。张良料知此人非同寻常,就解衣推食,厚相结纳,殷勤备至,结为知己。

张良平时观察力士的技艺,果然身手矫健,机敏灵活,他感到非常满意,就坦言刺杀秦皇之事,并为他秘密打造了一只重约一石(120斤)的大铁椎,加紧训练,以待时机。

终于,官府传来了秦始皇即将再次东巡的消息,张良闻之大喜,就急忙告知力士。两人认为这是一次千载难逢的机会,绝不能错过,于是,他们仔细勘验了秦始皇巡行路线的地形,最终决定在进退两便的博浪沙伏击秦始皇。

他们预先埋伏在路旁的密林中,只等车队的到来,力士身手矫捷,又担负刺杀任务,就埋伏在路边高处,张良没有什么武艺,就埋伏在较远处。

不久,秦始皇的车队果然浩浩荡荡地行进过来,看见銮舆行至眼前,力士纵身跃起,猛地将铁椎掷出,不知是由于用力过猛，还是始皇命不该绝，这一椎击中的竟然是副车，没能砸死秦始皇。

趁侍卫惊慌失措之机，力士风驰电掣般逃离了现场。张良听见一声巨响，料想力士已经得手，正待高兴，旋即远远望见侍卫围住銮舆，作护卫状，方知大事未成。

张良叹息了一声，说："天意如此，只好先保住性命，日后待机而动吧。"于是，张良也迅速逃走了。

很快，张良听说了官府大索十日的消息，为了逃过官府的严密搜查，他只好改名换姓，跑到距离博浪沙数百里的下邳(今江苏睢宁北)躲藏了起来。

在下邳期间，张良一面结交反秦志士，积蓄有生力量，准备待机而动，另一方面，他刻苦研习兵法，以增强自己的政治智慧和谋略。

智慧结语

擒贼先擒王，源于唐代诗人杜甫的《前出塞》："挽弓当挽强，用箭当用长。射人先射马，擒贼先擒王。"

作为三十六计之一，擒贼擒王的用计要点是"摧其坚，夺其魁，以解其体"，从而收到"龙战于野，其道穷也"的理想效果。

　　要成功运用"擒贼擒王"之计，首要问题是要理解何者为"王"。"王"，固然可以指对方的首脑，敌方的统帅，然而事情的关键、问题的症结，又何尝不是一种"王"呢？

　　用于军事，擒贼先擒王就是要想方设法捕杀敌方的统帅，消灭对方的指挥机关，使其陷入群龙无首的混乱状态，然后乱而取之，从而达到消灭对手、夺取胜利之目的。

　　相反，如果放走了敌方的统帅或指挥机关，错过了歼敌的有利时机，无异于放虎归山，必然后患无穷。

　　用于生活，擒贼先擒王就是要抓住事情的关键，找出问题的症结。解决矛盾时，要先解决主要矛盾或者矛盾的主要方面，从而带动次要矛盾和矛盾的次要方面的解决，真正做到对症下药，收到药到病除之效。

　　民间俗语有"打蛇要打七寸""牵牛要牵牛鼻子"之说，与之同理。

　　总而言之，擒贼先擒王就是解决问题时要抓关键，处理危机时要找源头，以期事半功倍。

第二节　下邳桥幸得兵书

公元前218年，张良谋刺秦始皇失败后，为了逃避官府的四处追捕，他不得不隐姓埋名，逃到了距离博浪沙数百里的下邳(在今江苏睢宁西北)，寻了个僻静的地方隐居下来。

追捕的风声起初很紧，过了一段时间，随着秦始皇回到咸阳，风声渐渐平静下来了，张良也放胆出来四处游玩，借以排解心中的郁闷。

有一天，张良兴致勃勃地来到下邳桥游玩。他站在桥上，极目远眺，只见天高云淡，群山绵绵，顿觉心胸开阔，神清气爽；俯视桥下，流水潺潺，清澈见底，不由慨叹时光飞逝，自己的复韩伟业至今未有寸功。

这时，张良看见不远处有一位老人，只见他须眉皓白，身穿葛衣，手扶藜杖，足踏布履，颇有一副仙风道骨，正向他慢步走来。

很快，老人来到了张良的跟前，只见他有意无意地把脚上的一只鞋子踢到了桥下，回过头看了张良一眼，说道："小伙子，下去把我的鞋捡上来！"

张良不由一愣，心想你我素昧平生，为何竟让我给你捡鞋？想到此处，不由心中火起，真想教训他一顿。

不料，刚要抬手，张良看见老人须发皆白，年事已高，心想或许老人真是腿脚不大灵便，无法亲自走到桥下去捡鞋，既然让自己遇见，给他捡上来又何妨？

想到这里，张良平息了心中的怒火，默默地来到桥下，捡起鞋子，上来递给了老人。

这时，老人已经在桥上坐了下来，但他丝毫没有接过鞋子的意思，只把脚向前一伸，说："你再给我穿上吧！"

张良又是一愣，不过转念一想，既然已经帮他把鞋子捡了上来，干脆好人做到底，就再替他穿上吧。

于是，张良单膝跪下，恭恭敬敬地给老人穿上了鞋。

老人手捋胡须，对着张良不住地点头，待到张良为他穿好了鞋，他竟然谢也不谢一声，就微笑着扬长而去。

老人的举动使张良大为惊讶，料想老人绝非等闲之辈，就目不转睛地注视着老人渐去渐远的身影，看看他到底想要干什么。

不料，老人走了约一里多路，突然又折了回来，和蔼地对张良说："你这小伙子不错，我很乐意教导教导你。五日之后，平明时分，你再到这里跟我见面吧。"

张良虽觉此事蹊跷，但料想老人必有道理，就连忙恭恭敬敬地跪下来,回复道:"遵命。"

五天之期转眼即到。第五天,天刚蒙蒙亮,激动万分的张良连忙起身,草草洗漱一下,就匆匆赶到桥上,不料,他却发现老人已经等在那里了。

"跟老年人约会,应该早点儿到,怎么反而叫我在这里等你呢?"老人脸上露出不满的神色,对张良说:"你五天后早点来吧。"

张良受到了责备,自知理亏,也没敢再言语,只是默默地答应。

五天后,一听见鸡叫,刚刚睡着的张良就急忙翻身下床,匆匆赶往下邳桥,心中窃喜,这次总该到得比你早了吧,看你还有什么好说的?

不料,刚一踏上下邳桥,张良就知道自己又错了,因为老人已经等了桥上。

看到张良再次迟到,老人大发雷霆,生气地说:"你为什么又来晚了,还有什么好说的吗?五天后你早点儿再来吧。"说完,老人拂袖而去。

张良吸取了前两次的教训,到了第四天晚上,他干脆衣服也不脱,觉也不睡,挑灯苦读。

估计已有半夜时分,张良就吹灭油灯,悄悄带上房门,起身赶往下邳桥。

来到下邳桥上，老人果然还没有到。只见四周一片沉静，耳边不时传来一两声鸟鸣，桥下流水发出哗哗的响声。仰望苍穹，只见深蓝的天空中，一轮弯月已经西斜，满天星光灿烂。

面对此情此景，张良不由打了一个冷战，头脑也愈发清醒，他又一次陷入对人生与命运的感慨之中。

正在沉思之际，张良忽然听见不远处传来了熟悉的声音："嗯，这次还不错！你等久了吧？"

抬头一看，原来是老人正慢悠悠地走过来，他高兴地对张良说："年轻人嘛，就应该这样！"

说罢，老人从袖中取出一部竹简，郑重地交给了张良，并再三嘱咐他，说："你得到这部书后，一定要潜心攻读，用心领悟，这样，你就可以成为帝王的老师了。"

张良大喜，正欲再问自己的反秦复韩大业何时能成，老人又说："十年后，天下将会有人兴兵起事，那时正是你建功立业的大好机会，切不可错过。"

张良非常感激，恭敬地跪拜在地，说："承蒙先生不弃，授予学生此书，敢问先生尊姓大名，学生将永志不忘。"

老人淡淡地说："叫什么名字，我也记不得了。不过13年后，你我将会在济北（今山东东阿县东北）再次相见。到时，你会在谷城山下看见一块黄石，那就是我。"说罢，老人便飘然而去。

张良又惊又喜,依依不舍地目送老人离去。

此时,夜色苍茫,群星阑珊,张良打开简书,不料却无法看清书上的字迹,只好急忙怀揣而归。

天亮时分,张良捧书一看,原来是早已失传的《太公兵法》,相传是西周初年的军师姜太公所著,记载了用兵打仗的奇谋秘计。

从此,张良日夜研习兵书,俯仰天下大事,终于成为一个深明韬略、足智多谋的"智囊"。

13年后,张良跟随刘邦行经济北,果然在谷城山下见到了一块黄石,他惊喜异常,便把它取回,当作圯上老人,日日香火供奉。

张良去世后,家人也一并安葬了黄石。后代子孙春秋扫墓,年节祭祀,也都同时祭祀黄石,这是后话。

张良以自己的耐心和隐忍,经受住了黄石公的种种考验,最终得到《太公兵法》,成就了一番事业。由此看来,耐心和隐忍是一个人成功所必备的德行。

智慧结语

有人说:"忍字头上一把刀。"

有人说："忍一时风平浪静,退一步海阔天空。"

人生天地间,不如意十之八九,故而,有许多事情需要忍。不忍,无以成功;不忍,无以全身。

若无泛舟之忍,岂有题名之时?

若无厚积之忍,岂有薄发之日?

若无卧薪之忍,哪得复国之乐?

若无欲望之忍,哪得全身之机?

故而,孟子曰:"故天将降大任于斯人也,必先苦其心志,劳其筋骨,饿其体肤,空乏其身,行拂乱其所为,所以动心忍性,增益其所不能。"

生活中,懦弱表现为隐忍,而隐忍却不一定是懦弱的表现。

真正的隐忍,是为了实现理想或明哲保身,不得已而采取的一种以退为进的策略。换言之,忍,是为了不忍;退,是为了更好地进。

而懦弱则不同,只是一味地退缩,是没有任何前进的。

第三章　追随汉王诛暴秦

第一节　遇明主张良归心

秦二世元年(前209)七月,陈胜、吴广在大泽乡揭竿起义,拉开了秦末农民战争的序幕。紧接着,各地豪杰之士纷纷响应,起义形势风起云涌。

一直隐居下邳的张良,闻知天下大乱,感到期盼已久的灭秦之机已经来临,就立即聚集100多名青年起兵响应,树起了反秦的旗帜。

后来,张良感到自己势单力薄,仅靠百十来人难以形成气候,就打算率众投奔自立为代理楚王的景驹①。行至半道,张良意外地遇见了正在下邳一带发展势力的刘邦。

———————

① 景驹(?—前208)　秦末楚王族后裔,前208年被秦嘉为楚王,后被项梁击败身亡,势力被项羽兼并,生平记载较少。

张良乘机拜见刘邦,两人谈论起用兵打仗之事,张良总是对答如流,侃侃而谈,因而深得刘邦的赏识,被任命为厩将,负责管理军马。

更让张良感到惊奇的是,他平时根据《太公兵法》为别人出谋划策时,别人大都不能领悟和采纳,而当他与刘邦谈论用兵之道时,刘邦却多能心领神会,并常常采纳。

张良说:"沛公大概是上天授予人间的真正领袖吧。否则,为什么我谈论《太公兵法》别人都不能领悟,唯独沛公能够明白呢?"

于是,张良果断地放弃了投奔景驹的计划,转而决定追随刘邦。

当时,刘邦的部下雍齿①占据丰地(今江苏徐州西北部),背叛刘邦。刘邦大怒,急忙率军进攻雍齿,打算夺取自己的根据地。不料,雍齿筑垒坚守,刘邦屡攻不下,只得向当时另一位著名的农民起义军领袖项梁借兵。

项梁不愿得罪刘邦,就借给他 5 000 精兵,另派"五大夫"爵位的将军 10 名协助刘邦,刘邦实力大增,再次挥军攻打丰地,雍齿坚守不住,只得投奔魏国而去。

这时,刘邦收到了项梁的书信,邀请他去薛地(今山东

---

① 雍齿(?—前 193)　刘邦同乡,曾叛刘降魏,后复归汉。因功封什邡侯,卒于惠帝三年,其反复经历成刘邦笼络功臣的典型案例。

滕州南部)商讨另立楚王之事。于是,刘邦与张良一起来到薛地,归还了项梁的军队,并对项梁表示感谢。

六月,项梁与各路起义军领袖在薛地召开会议,共同研究当前的军事形势,强调各路起义军要加强协调,共同抗秦。会议还决定拥立楚怀王的孙子熊心为楚王,作为各路起义军的共同领袖,以顺应百姓的愿望。

张良想趁此机会,复立韩国,他对项梁说:"您已经拥立了楚王的后人,功莫大矣。现在,赵、燕、齐、魏都已复国,唯独韩国未能,估计将来必有人会拥立,您何不抢先如此呢?如果您这样做的话,韩王必然会对您感恩戴德,誓死效忠,您的实力也一定会大大增强。"

项梁闻说大喜,问:"不知韩侯后人中谁最贤能?"

张良说:"横阳君韩成最有才德,堪立为王。"

项梁同意了张良的建议,并派遣他去寻找韩成。张良很快找到了韩成,为回报项梁,项梁就封韩成为韩王,同时任命张良为韩国的司徒(相当于宰相)。

至此,张良"复韩"的目的终于达到,"复家"的政治夙愿也得以实现,于是,他辞别了项梁和刘邦,竭尽全力扶持韩王成。

韩王成与张良带领1000多人,向西进攻原来属于韩国的土地,一连夺得了好几座城池,但是秦军常常往来骚扰,城池经常是得而复失。韩军只能在颍川一带开展游击战，迟迟没能打开局面。

公元前 206 年，项羽开始分封天下诸侯。分封完毕，张良就与刘邦依依惜别，打算回到韩国，侍奉韩王成。

但出乎张良意料的是，韩王成不仅没有得到项羽的分封，反而被胁迫跟着项羽去了他的大本营彭城（今江苏徐州），无法返回到韩地。

张良一打听，原来是因为刘邦抢先攻入了咸阳并且野心勃勃地要与项羽争夺天下，这让项羽十分恼火，而且项羽发现刘邦之所以能够如此，韩王的司徒张良从中帮了不少忙，便把这笔账都记在了韩王的头上。

此后，任凭韩王成怎样表示忠心，项羽死活就是不放他走。后来，项羽废除韩王封号，将韩成降为穰侯。不久，项羽索性在彭城杀死了韩王成，这使张良相韩的梦想彻底破灭。

平心而论，韩王成虽然并非战功卓著，但还算是一个反秦有功之人。他曾经与张良一起，先后夺取了韩地的十多座城池，为刘邦顺利进军关中解除了后顾之忧。

项羽如果明智的话，就应顺理成章地封他为韩王，无奈项羽刚愎自用，完全凭个人好恶分封，对韩王成先废后杀，最终丧失了人心,失去了多数诸侯王和将领们的信任和拥护。

同年冬天,张良逃出了彭城,躲过楚军的追捕,终于回到刘邦的身边,被刘邦封为成信侯。

此后,张良便朝夕陪伴刘邦左右,深受刘邦的器重和信赖,他的聪明才智也得以充分地发挥。

作为士人,深通韬略固然重要,但施展谋略的前提则是要有善于纳谏的明主。张良由不期而遇到二次归心,转舵于明主,反映了他在纷纭复杂的形势中拥有的清醒的头脑和独到的眼光。

智慧结语

士为知己者用,源于《战国策·赵策一》,原文为"士为知己者死,女为悦己者容",强调做人要甘愿为赏识和栽培自己的人效力。

封建时代,士为知己者用是一个备受推崇的道德教条。上自达官显贵,下至士子百姓,无不视其为安身立命之根本,衡量人格之准绳。为了报答所谓的知己,可以义无反顾,甚至可以慷慨赴死,实实在在地践行士为知己者"死"。

当今时代,士为知己者用也有其积极的价值,发挥着重要的作用。

要以诚相待,尊重别人,关心他人。小而言之,能够赢得对方的尊重,获得对方的关注和支持;大而言之,能够凝聚人心,增强力量,促进事业的发展。

当然,也要辩证看待"士为知己者用"之说,无论如何,那种把它发挥到极致,甚至动辄以"死"相报的做法是万万要不得的。

第二节　瞒天过海夺宛嶢

秦二世三年(前207)六月,刘邦率军攻打南阳郡,准备从武关进入关中。

南阳太守出兵拦截刘邦,两军在犨县(今河南鲁山东南)东一带展开激战,刘邦大获全胜,南阳太守急忙率领残兵败将退守宛城(今河南南阳)固守。

刘邦追至城下,看到宛城城高池深,又有重兵把守,再加上他急于进入关中,不愿在宛城耽误时间,于是命令大军绕过宛城向西进发,直扑武关(今陕西商南西北)。

大军向西行了十几里,张良问刘邦说:"沛公为何急于绕过宛城?"

刘邦笑着说:"自然是要尽快入关。"

张良说:"沛公一路前行,必然会遭遇强敌顽抗,一旦大军作战失利,前有强敌,后有宛城,我不知道我们还能退到何处?"

刘邦大惊,说:"不错,一旦秦军前后夹击,我军必将陷入被动境地。不知子房有何良策?"

张良附耳低声说:"沛公只需如此这般……"

刘邦依计而行,立即命令前军变后军,后军变前军,偃旗息鼓,星夜疾驰,务必在天明之前将宛城团团围住。

天明时分,刘邦大军已将宛城围得里三层外三层,简直是密不透风。大军鼓声震天,号角齐鸣,旌旗林立,开始向宛城发动进攻。

此前,南阳太守听说刘邦大军已经西去,一颗悬着的心终于放了下来,就放心大胆地回府睡觉去了。

听到城外鼓声震天,南阳太守惊慌失措地登上了城楼,看着城外密密麻麻的敌军,早已吓得魂飞魄散,他自知大势已去,就拔出宝剑,打算自刎。

亲信陈恢①急忙拦住他,说:"大人何必如此,现在还不

---

① 陈恢(生卒不详)　秦南阳郡守舍人,前207年劝刘邦接受南阳守投降,避免强攻损耗,促成宛城和平归汉,后事迹无载。

是死的时候。"

南阳太守惊愕地说:"不知先生有何良策?"

陈恢说:"我听说沛公是个仁厚长者,大人何不归顺于他?这样不但可以使全城百姓免遭屠戮,而且可以保住性命,保住禄位。如果大人同意的话,小人愿意去见沛公。"

南阳太守无计可施,只好同意了陈恢的建议。

陈恢顺利地见到了刘邦,说:"我听说楚怀王曾经与足下约定,先破关入咸阳者可以成为关中王。现在足下滞留宛城,要知道宛城是大郡的首府,连城数十,百姓众多,积蓄丰富,守城的官吏都认为投降后难免一死,故而固守城池。如果沛公强行攻城,必然死伤众多;如果舍弃宛城而去,则宛城守军必会跟随追击。如此,足下前面失去了先入咸阳的良机,后有宛城的忧患,大势去矣!"

刘邦说:"不知先生以为我该如何?"

陈恢说:"为足下考虑,不如接受宛城的投降请求,封赏它的太守,并命令他镇守于此,而足下可以率领宛城的部分士卒继续向西进攻。那些尚未归降的城池,听到这个消息后,一定会争先恐后地打开城门,欢迎足下,而足下必将一路长驱直入,畅行无阻。"

刘邦大喜,抬头看了看张良,似乎在征询张良的意见。张良早已心有灵犀,点头示意刘邦同意。

刘邦立即派陈恢返回宛城，通知南阳太守接受其投降请求。南阳太守立即打开城门，迎接刘邦大军入城。

刘邦入城后，封南阳太守为殷侯，封陈恢为千户侯，辅佐太守处理政务。随即，刘邦召集宛城人马，命令他们与大军一起继续西进。

九月，刘邦率军抵达峣关（今陕西商洛市商州区西北）。

峣关是位于南阳与关中之间的军事要塞，是进入秦都咸阳的必经之路，同时也是拱卫秦都咸阳的最后一道天然屏障，易守难攻，因此秦王子婴派遣重兵扼守。

为了尽快打通进入关中的通道，刘邦打算派两万兵力去攻打秦军，企图强行夺关。

张良听说后，急忙劝谏道："沛公万万不可如此。"

刘邦问道："子房何出此言？"

张良说："峣关是进入关中的门户，峣关一破，咸阳自然唾手可得。我听说秦王子婴并非愚类，为了保住帝位，必然已将全部精锐派往峣关，作拼死抵抗。因此，目前秦军守关的兵力还非常强大，一旦首战不利，我军必然士气低落，不利于迅速挺进关中。"

刘邦唯恐项羽大军先打入关中，所以心急如焚，急忙向张良问计。

张良似乎早已胸有成竹,对刘邦说:"我听说峣关的守将是屠夫的儿子,商贾市侩之流是很容易被利益诱惑的。您不妨先派遣部队,在峣关外的各个山头之上遍插旗帜,虚张声势,用作疑兵,借以打击秦军的士气。同时再叫郦食其多带珍宝财物去见秦军的守将,晓之利害,诱使他们投降,这样,事情就容易成功了。"

峣关守将听说刘邦前来夺关,急忙登上城墙,发现远处的山上旌旗林立,迎风招展,不知有多少敌军,不由得胆战心惊,一心只想闭关固守。

忽然,秦将听说刘邦的使者到了,急忙将其召入营中。郦食其①先将金银珠宝呈上,秦将何曾见过如此多的金银珠宝,顿时喜笑颜开,却又故作不解地问:"先生此举,不知何意?"

郦食其说:"沛公久仰将军大名,特地派我向将军致意。方今秦朝大势已去,灭亡指日可待,不知将军有何打算?"

秦将默不作声。

郦食其继续说道:"将军若想一战,沛公十万大军城外恭候,但双方一旦交战,难免玉石俱焚,将军又何苦为秦朝

---

① 郦食其(？—前203)　刘邦谋士,献计克陈留,封"广野君"。楚汉战争中,说齐王田广归汉,因韩信攻齐被齐王烹杀。以狂生著称,葬地不明,弟郦商为汉将。

陪葬呢？沛公知道将军是明理之人，希望能早作决定，沛公在关外静候佳音。"

秦将犹豫再三，最终答应献关投降，并表示愿意与刘邦一起合兵进攻咸阳。

听了郦食其的报告，刘邦非常高兴，准备再次派人与峣关守将接洽，商讨联合进军的具体事宜。

忽然，刘邦帐下走出一人，大声说："沛公不可如此！"

刘邦抬头一看，原来是张良。

刘邦不解地问："诱降峣关守将不是子房你的计策吗？现在为何又阻止我？"

张良说："现在不过是峣关的守将想反叛罢了，他手下的士卒未必答应。"

刘邦问道："子房何出此言？"

张良说："沛公你想，这些士卒大都是关中之人，他们的父母妻儿世居于此，怎会愿意引兵入关，致使自己的亲人饱受战乱之苦呢？如果这些士卒乘乱从后面攻击我军，那后果将不堪设想，不如趁现在秦兵懈怠之机，一举消灭他们。"

刘邦点头称是。

于是，刘邦立即率军翻越黄山，绕到峣关之西，出其不意地扑向了秦军。毫无准备的秦军，无力抵抗，只得弃关而逃，退守蓝田(今陕西蓝田县西)。刘邦乘胜追击，再败秦军于蓝田。

峣关之战后，咸阳的门户大开，秦军再也无力组织大规模的抵抗了。很快，刘邦顺利攻入咸阳，秦王子婴就投降了。

智慧结语

作为三十六计之一，瞒天过海的用计要点是"备周则意怠，常见则不疑。阴在阳之内，不在阳之对。太阳，太阴"。

意思是说，防备严密，就容易使人产生懈怠；经常看见，就不容易让人产生疑心。阴谋秘计常常隐藏在公开的事物之中，而不是处于公开事物的对立面。越是公开的事物，越容易隐藏阴谋诡计。

战场上两军相争，历来兵不厌诈。真实的战略意图往往隐藏在虚假的表象之中，而虚假的表象掩盖着真实的战略意图。

这样，就能使敌人疑神疑鬼，不明就里，陷入混乱与恐慌之中，而我则胸有成竹，出奇制胜，稳操胜券。

作为军事计谋，瞒天过海强调的是隐真示假，为出奇制胜而暂时实施某种欺骗手段，欺骗不是瞒天过海的真正目的，仅仅是一种手段而已。

平时所说的欺上瞒下、掩耳盗铃、半夜偷盗、僻巷杀人之类，其中也或多或少地包含欺骗性成分或者掩护性成分在内，但不能把它们与瞒天过海混为一谈，二者在动机、性质、目的等方面是不同的，这是值得注意的。

第三节 劝阻汉王留秦宫

刘邦大军夺取峣关后，一路长驱直入，于公元前 207 年十月，进驻与咸阳咫尺之遥的霸上（今陕西西安东）。

秦王子婴①闻知刘邦已经逼近咸阳，顿时惊慌失措，急忙召集大臣商议如何抵抗，不料群臣人人愁眉苦脸，个个束手无策。

忽然宦官来报，刘邦遣人送来书信一封，秦王子婴打开一看，竟是刘邦的招降书。

原来，刘邦与张良、萧何②等人商议，决定先礼后兵，最

---

① 子婴（？—前 206） 秦最后统治者（前 207 在位），身份存疑（或为始皇侄）。诛赵高后降刘邦，月余被项羽所杀，葬处不明。

② 萧何（？—前 193） 汉初丞相，定《九章律》，推行无为而治。月下追韩信、镇抚关中，封酂侯。"成也萧何，败也萧何"概括了其与韩信的关系。

好能够兵不血刃就占领咸阳,于是,刘邦派出使者前去拜见秦王子婴。

手捧着招降书,似有千钧之重,秦王子婴陷入了进退两难之地:欲战,现在是无军可用;欲守,现在是无险可依;投降,却又心有不甘;不降,只有死路一条。思量再三,只有选择投降刘邦,才有可能保全性命。

于是,历史出现了戏剧性的一幕:曾经不可一世的大秦帝国的皇帝驾着素车,身着白衣,项系长带,手捧玉玺,流泪出城,到咸阳以南五十里的轵道边,恭恭敬敬地向当年的一个小亭长、而今十万大军的统帅刘邦投降了。历时六百余年的秦国最终成了历史。

刘邦在大军的簇拥之下,来到了秦王子婴的面前,接过传国玉玺,并将子婴扶起,与自己一起进入咸阳。

有的将领劝谏道:"沛公何不杀掉子婴,以绝后患。"

刘邦说:"怀王之所以遣我入关,就是因为我宽容大度,不滥杀无辜。况且,现在子婴已经投降,杀掉他有失人心。你们不要再说了!"

于是,刘邦命人将子婴看管起来,自己与将领们一起得意扬扬地进入了秦都咸阳。

刘邦进入秦宫后,命令将士就地休整。不少将领乘势打开各个府库,抢夺其中的珍宝财物,大家都欢呼雀跃,以为大功告成,可以坐享富贵了。

刘邦信步宫中,只见五步一台,十步一阁,复道行空,纵横交错,甚是壮观。进入殿中,只见各色各样的帷幕、形态迥异的珍玩、精心烹制的佳肴,更有数以千计的妩媚动人的宫女。

刘邦本就生性好色,此时更是情不自禁,左拥右抱,住进了寝宫,痛痛快快地享乐去了。

部将樊哙看到宫中纷乱不已,将士你争我夺,唯恐生变,急忙四处寻找刘邦。有人告诉他:"沛公现在正在寝宫中,将军可到那里找他。"

樊哙一听,大吃一惊,连忙直奔寝宫而来。不等通报,径直闯入,边走边喊:"沛公,沛公在吗?"

刘邦扫兴地说:"何人胆敢在此大声喧哗,搅了老子的好梦?"

樊哙仗着自己是刘邦的连襟,又是昔日的同乡,顾不得刘邦是否扫兴,直截了当地说:"沛公是想夺取天下,还是想在此做个富家翁就志得意满了?"

刘邦有点不高兴,说:"樊将军何出此言呢?"

樊哙说:"沛公一入秦宫,就贪恋其中的富贵,哪还有夺取天下的雄心壮志呢?况且秦皇花天酒地,最终才被您消灭,难道您还想步其后尘吗?"

刘邦更不高兴了，没有好气地说："樊将军休得多言！今天天色不早了，就让我在这里好好歇歇脚再说吧。"

樊哙无奈，只得悻悻地退了出来，一些头脑清醒的将领也都心急如焚，却也无可奈何。

有人提议，不如现在去找张良，或许张良能够说动沛公，撤出秦宫。

张良闻讯，也非常着急，连夜拜见刘邦，晓之利害，严肃地说："秦朝暴虐无道，所以您才有机会来到这里。既然您是替天行道，铲除暴君，那就应改弦更张，布衣素食，节俭为本。现在您刚刚攻入咸阳，就要安享其乐，这岂不是人们常说的'助桀为虐'？俗话说：'忠言逆耳利于行，良药苦口利于病'，希望您能够听从樊哙等人的意见。"

张良虽然语气平和，但软中有硬，借用秦亡的历史教训，使用"助桀为虐"等苛刻字眼，隐隐地刺疼了刘邦近乎沉醉的心。

刘邦愉快地接受了张良富有远见的规劝，下令封存秦宫的府库、财物，并派重兵把守；同时自己还军霸上(亦作"灞上"，又名"霸头"，今陕西西安市东)，整训军队，以待项羽等各路起义军的到来。

刘邦回军霸上后，头脑逐渐清醒过来，认识到当务之急是尽快赢得关中的人心，以此作为争夺天下的根据地。张良劝说刘邦："关中富庶之地，沛公如欲争夺天下，抗衡诸侯，不能不争取关中的民心啊。"

刘邦非常赞同，立即邀请咸阳附近各县的父老豪杰来到霸上，公开向他们声明："秦朝暴虐无道，残害天下百姓。楚怀王曾经与天下诸侯约定，先破关入咸阳者为王，而今我已入关，理应称王。现在我与诸位约法三章：杀人者死，伤人及盗抵罪。除此以外，秦朝所有的法律和禁令一律废除，百姓可以安居乐业，官吏可以照常办公。我之所以到关中来，为的是替关中父老除害，并不是要侵害你们，所以你们不必惊慌恐惧。现在我还军霸上，为的是等待各路诸侯到达后，共同制定规约而已。"

刘邦的一席话，可谓是深谋远虑，也是刘邦的大手笔。他宣布废除秦朝苛酷的法律制度，等于打碎了套在百姓头上沉重的枷锁，百姓怎能不忠心拥护呢？约法三章，简洁明了，有利于稳定社会秩序，更符合百姓内心的愿望。全盘接受秦朝原有的官吏，让他们照常办公，不仅能有效安抚各级官吏惊恐不安的心，消除他们的敌意，而且能够维护关中地区行政机关的正常运作，有利于政令畅通。

父老豪杰闻听此言，仿佛吃了一颗定心丸，都欢欣不已，高呼"沛公万岁"，并举酒杯为沛公祝寿。

随后，刘邦又将"约法三章"的内容制成布告，四处张贴,广为宣传,还会同秦朝官吏安抚关中各县的百姓。同时,刘邦还传令三军,不得骚扰百姓,违令者斩。

布告贴出后,关中的百姓奔走相告,争先恐后来到霸上,纷纷用牛羊酒食等慰劳刘邦的将士。

刘邦见状,掩饰不住内心的喜悦,却又命令将士不许接受百姓奉献的牛羊酒食,并传话给前来慰问的百姓说:"沛公非常感谢大家的心意,但目前军中给养充足,就不需大家破费了。"

闻听刘邦此言,秦地百姓越发高兴,一致拥护和爱戴刘邦,真心实意地希望他能够在关中称王。

刘邦依据张良的建议,采取了这一系列安民措施,赢得了关中的民心,为他日后经营关中、并以此为根据地与项羽争雄天下,奠定了良好的政治基础。

智慧结语

生于忧患,死于安乐,出自《孟子·告子下》,意思是说忧患困苦常常使人保持旺盛的斗志,催人奋进;而安逸享乐容易让人沉沦,不思进取。

生于忧患,死于安乐,蕴含了普遍的真理,已为古往今来的无数事实所证明。所以,自它产生以来的两千多年里,流传甚广,至今读来仍然振聋发聩,具有普遍的教育与警示意义。

忧患和安乐对人生的影响如何，这是一个古老的命题，古圣先贤也多有论述。

司马迁说："古者富贵而名摩灭，不可胜记，唯倜傥非常之人称焉。盖文王拘而演《周易》，仲尼厄而作《春秋》；屈原放逐，乃赋《离骚》；左丘失明，厥有《国语》；孙子膑脚，兵法修列；不韦迁蜀，世传《吕览》；韩非囚秦，《说难》《孤愤》；《诗》三百篇，大抵圣贤发愤之所为作也。此人皆意有所郁结，不得通其道，故述往事，思来者。"

欧阳修说："忧劳可以兴国，逸豫可以亡身。祸患常积于忽微，智勇多困于所溺。"

有人说，宝剑锋从磨砺出，梅花香自苦寒来。

有人说，自古英雄出寒门，从来纨绔少伟男。

有人说，不经历风雨，怎么能见彩虹？

有人说，苦难是一所大学。

不同的语言表达形式，蕴含着同样发人深省的哲理。

古往今来，生于忧患，长于忧患，而成于忧患的人不计其数；生于富贵，长于富贵，而常守富贵的人则少之又少。所以，孟子说："君子之泽，五世而斩。"

古今英雄多磨难，无论现在是春风得意，还是坎坷不断，都应保持一颗奋进的心，一种拼搏不止的精神，坚信光明的前途必将属于你，成功也必将属于你！

海阔凭鱼跃，天高任鸟飞。

第四节　鸿门宴上保平安

汉元年(前206)十一月，项羽率领诸侯军队抵达函谷关(今河南灵宝东北)，却发现关门紧闭，关上旌旗招展，上面写着大大的"刘"字，十分醒目。

项羽高声问道："关上可是沛公的军队？"

守军答道："不错，我们正是奉沛公之命在此把守。"

项羽问道："沛公现在哪里？快叫他来见我！"

守军回答："沛公驻扎在霸上。"

项羽笑道："我是项羽，还不快快打开关门迎接。"

不料，守军说："沛公有令，没有他的许可，任何军队不得入关。"

项羽大怒，说："刘邦好生无礼，竟连我都敢阻拦。传令，给我猛攻函谷关，今天务必拿下。"

由于关上的守军人数少，实力弱，在项羽的猛烈攻势下，很快被打得四散逃跑。项羽乘胜追击，一直打到新丰鸿门(今陕西省临潼西北)才停下来。

安营已毕，项羽大摆宴席，慰劳士卒，同时召集心腹将领与谋士商议如何对付刘邦。

诸将有的主张先发制人，消灭刘邦；有的主张争取刘邦，收归麾下；有的主张暂缓行动，看看再说。项羽生性优柔寡断，此时也难下决心。

正在此时，有人来报："刘邦的左司马曹无伤派人求见大王。"

项羽没有好气地说："传！"

来人恭敬地说："曹将军仰慕大王已久，今闻大王进驻鸿门，一心归顺大王，恳请大王同意。同时，曹将军还有一件要事禀报大王。"

项羽说："有话请讲。"

来人说："沛公现在已经占领了关中，任命秦王子婴为丞相"

项羽闻言大怒，说："明天准备酒食，犒劳士卒，我要一举消灭刘邦！"

项羽的谋士范增①这时也提醒项羽,道:"刘邦在关东之时,贪图钱财,喜爱美女。现在入了关,财物也没霸占,美女也不宠幸,由此看来,他的野心可不小啊!我派人去观察他军营上方的云气,都呈现龙虎的形状,五色斑斓,这可是天子的瑞气呀。希望将军当机立断,立即进攻刘邦,千万不要错失良机呀!"

当时,项羽有士卒40万,驻扎在新丰鸿门,刘邦有士卒10万,驻扎在霸上,两人还没来得及相见。当时已是汉元年(前206)十二月。

楚国的左尹项伯②,是项羽的叔父,与张良的关系一向很好。

听说项羽打算第二天要进攻刘邦,项伯知道,以项羽的万夫不当之勇,消灭刘邦的区区十万大军,简直易如反掌,只是现在张良还在刘邦的军营中,两军一旦交战,刀枪无情,张良也难免死于乱刀之下。想当年自己在困厄之际,张良于己有恩,现在张良性命堪忧,自己岂能坐视不管?

于是,项伯骑上快马,连夜来到刘邦的军营中,私下会

---

① 范增(前277—前204)　项羽谋士,尊为"亚父",屡献计不用,鸿门宴后叹"竖子不足谋"。中陈平离间计被疑,辞官归途中疽发而卒。

② 项伯(?—前192)　项羽叔父,汉封射阳侯。楚汉战争中多次暗助刘邦,以鸿门宴护刘邦最为有名。惠帝三年卒,其女嫁刘邦子刘长。

见了张良,把项羽将要进攻刘邦的事情告诉了他。

张良故作惊讶地问:"那我该怎么办呢?"

项伯说:"当然是赶紧跟我一起走,千万不能在这儿跟刘邦一块儿送死。"

张良又问:"项王知道你到我这里来吗?"

项伯说:"我是偷偷骑马过来的,怎敢让他知道? 只是念在当年你对我有救命之恩,否则,我也不会深夜到此呀。"

张良这才放下心来,假装为难地说:"我是为韩王来护送沛公的,现在沛公形势危急,如果我独自脱身,岂不是太不仁不义了? 我必须将这件事先告诉他,然后再决定是否跟你走。"

于是,张良把项伯安顿在营帐中,自己来到刘邦的军帐,把项伯的话告诉了刘邦。

刘邦大为吃惊,吓得脸色惨白,忙问:"为今之计,我该怎么办呢?"

张良问道:"敢问沛公,究竟是谁给您出主意,让您派兵守卫函谷关的?"

刘邦说:"是一个浅陋的小人,他对我说只要守住函谷关,不要让诸侯军进来,我就可以占据关中称王了。所以我就听了他的话,不想却酿成了今日之祸。"

张良说:"以目前兵力,您觉得是否打得过项羽?"

刘邦沉默不语,过了一会,才缓缓地说:"我军当然打不过项羽,现在我该怎么办呢?"

张良说:"那就让我把项伯请过来,您好好跟他说说,希望他能把您不敢背叛项王的意思转告项王。"

刘邦问道:"你怎么会与项伯有交情呢?"

张良说:"那还是在秦朝的时候,项伯杀了人,投奔到我那儿,我设法为他洗脱了死罪。如今情况危急,他就过来给我通风报信。"

刘邦问:"你们两人,谁的年龄大?"

张良说:"项伯比我大一点。"

刘邦说:"你替我把他请到我的营帐中来,我要像对待兄长一样侍奉他。"

张良出去邀请项伯进来与刘邦相见,项伯起初不肯,经张良再三劝说,才勉强来到刘邦的营帐中。

刘邦非常热情地接待了他,手捧着酒杯,向项伯献酒祝寿,同时许诺将自己的女儿嫁给项伯的儿子,两家结为亲家。

酒酣耳热之际,刘邦委屈地对项伯说:"自从与项王分兵以后,我侥幸先攻入关中,占领咸阳。我进驻函谷关以后,可以说是秋毫无犯,登记了官民的户口,查封了各类府库,就日夜盼着项将军的到来,哪里敢谋反啊!"

项伯说："不知沛公为何要遣将守关，不放项王进来？项王为此可是非常生气啊。"

刘邦早已想好借口，说："我之所以派人把守函谷关，主要是为了防备其他盗贼窜入以及意外的变故。"

张良也在旁边帮腔："事实的确如此啊，希望项兄能详细转告项王，沛公是绝不敢背叛项王的。"

刘邦的一席话，说得项伯信以为真，项伯答应了，并嘱咐刘邦说："明天你可千万要早点来向项王道歉。"

刘邦说："一定，一定。"

项伯连夜驰回鸿门，把刘邦的话转告给了项羽，并百般疏通，使原已剑拔弩张的局势有所缓解。

项伯又说："如果不是刘邦先攻入关中，你怎能这样顺利地来到此地呢？如今刘邦有大功反而要攻打人家，这是不符合道义的，不如就此好好对待他。"

项羽一想，刘邦确实也没有什么大的错误，于是就一口答应了项伯。

亲赴鸿门，犹如虎口作客，危机四伏，甚至有生命之忧；而不去鸿门，必将招致项羽的大军猛烈攻击，难免一败涂地。刘邦前思后想，左右为难。

张良知己知彼，精辟地向刘邦分析了项羽的为人，并许诺亲自跟随刘邦深入虎穴，一定会想方设法保护他的安全，刘邦这才下定决心前去。

第二天一大清早,刘邦带着100多名骑兵,亲自到鸿门去拜见项羽。

刘邦一见到项羽,就对项羽赔罪说:"我与将军齐心协力攻打秦国,将军您在河北作战,我在河南作战。正是仰仗将军的威望和协助,我才能先攻入咸阳,并在这里与您相见。现在肯定有小人在挑拨离间,使得将军与我之间产生了误会。"

项羽看见刘邦只带了100来个骑兵,态度又是这么谦卑,心中的怒气渐渐消了,脱口说道:"是你的左司马曹无伤说的,要不然,我怎么会这样?"

刘邦先入为主,从精神上压倒了对方。项羽自知刘邦是依楚怀王之约,先行入关并无过分之处,自己对刘邦如此这般倒有违约之嫌,顿觉有些理屈词穷。

当天,项羽就让刘邦留下,大家一起喝喝酒,叙叙旧。

酒席上,范增非常着急,几次给项羽递眼色,又几次举起身上佩戴的玉玦向他示意,要他当机立断,趁机杀掉刘邦。

项羽假装没看见,什么反应也没有,只是和刘邦高兴地喝酒。

范增无奈，只好起身出去，把早已等候在帐外的项庄①叫到了身旁。

项庄问道："亚父，为何现在还不动手？"

范增说："大王为人心肠太软，我看他只顾喝酒，今天是不打算杀掉刘邦了。"

项庄说："今天机会难得，若放走了刘邦，他日必成后患。不知亚父有何打算？"

范增说："你到帐中为刘邦献酒祝寿，然后请求舞剑，趁机刺杀刘邦。不然的话，我看今天是没有机会了。"

于是，项庄跟随范增进入帐中，上前献酒祝寿。

祝寿完毕，项庄对项羽说："大王与沛公饮酒，军营中没有什么可以娱乐的，请允许我舞剑来为大王助兴。"

项王说："很好。"

项庄就拔剑起舞，宝剑上下纷飞，左挥右砍，步步紧逼沛公，旁边的项伯一看大事不妙，也拔剑起舞，常常用身体掩护刘邦，项庄一时难以得手。

张良先见范增出去，后见项庄舞剑，顿觉情况不妙，连忙来到军营门前找樊哙。

樊哙正等得心急，看见张良，连忙问道："今天的情形怎

---

① 项庄(生卒不详) 项羽堂弟，鸿门宴中舞剑欲杀刘邦，被项伯阻挠。后事迹无考，或战死于垓下，生平仅见《史记》片段。

么样？沛公有无危险？"

张良说："情况十分危急啊！现在项庄正在舞剑,他一直在打沛公的主意呀！"

樊哙说："如此说来,沛公太危险啦！您让我进去吧,要死大家就一起死！"

樊哙右手握着宝剑,左手拿着盾牌,大步往军营里面闯。守营的卫士将戟交叉在一起,不放他进去,樊哙大怒,侧过盾牌往前一撞,卫士都被撞翻在地。

樊哙闯进了军营,挑开项羽的帷帐,面向西站定,只见他双目圆睁,怒气冲冲地看着项羽,头发一根根都竖立起来,两边眼角似乎都要睁裂了。

项羽素来勇猛,不过看到樊哙这副拼命的样子,心中还是一惊,他立即警觉地伸手握住宝剑,坐直身子,问："来者何人？"

张良连忙解释说："他是沛公的参乘,名叫樊哙。"

项羽说："好一个壮士！赏赐给他一大杯酒！"项羽的手下立即给他递上来一大杯酒。

樊哙说了声"谢大王",然后端起酒来一饮而尽。

项羽说："再赏赐给他一只猪肘！"

手下的人递给樊哙一只生猪肘。只见樊哙把盾牌反扣在地,把猪肘放在上面,拔出剑来,边切边吃,三下五除二,一整只猪肘便下了肚。

项羽不由地赞叹道:"好一个壮士!还能再喝酒吗?"

樊哙大声说:"我连死都不怕,一杯酒又有什么可推辞的!那秦王的心肠像虎狼一样凶狠,杀起人来,好像唯恐杀不完;用起刑罚来,好像唯恐用不尽,天下人都叛离了他。楚怀王曾经与各位将领约定说'先打败秦军攻入咸阳的,我就让他在关中称王'。如今沛公先打败秦军攻入咸阳,连毫毛那么细小的财物都没敢动,封闭秦王宫室,把军队撤回到霸上,等待大王您的到来。还特地派遣将士把守函谷关,为的是防备盗贼窜入以及意外的变故。沛公如此劳苦功高,没有得到封侯的赏赐,您反而听信小人的谗言,要杀害有功之人。您这是走秦朝灭亡的老路啊,我私下认为大王您是不应该这样做的!"

项羽被樊哙一番慷慨激昂的言辞所震慑,一时竟无言以对,只是招呼樊哙说:"坐,坐!"樊哙就挨着张良坐了下来。

坐了一会儿,看见形势有所缓和,刘邦就借口上厕所,走出了项羽的营帐,顺便也把张良和樊哙一起叫了出来。

三人商量了一下,决定由樊哙保护刘邦赶快脱身,张良留下来应付局面。

刘邦有些犹豫,对樊哙说:"此次我出来,未曾当面与项王告辞,这样怕是不好吧?"

樊哙说:"干大事就不必顾及细小的礼节,讲大礼就不必注重在小的方面谦让。现如今,人家好比是刀子和砧板,而我们好比是鱼和肉,还有什么好告辞的呢?"

张良也劝刘邦:"沛公还是尽快脱身吧!一切由我留下来应付。不知沛公来的时候,带了什么礼物?"

刘邦说:"我拿来一对白色的璧玉,准备献给项王;还有一对玉斗,打算献给亚父。刚才正赶上他们生气,就没敢献上去。你就替我献上吧。"

张良说:"遵命。"

刘邦又对张良说:"我从小路到我们军营,大约不过20里路。估计我们到了军营以后,你再进去见项王。"

于是,刘邦就扔下车马和随从,独自一人骑马,让樊哙、夏侯婴、靳强、纪信等四人手持剑盾在后面徒步跟随,他们沿着骊山而下,顺着芷阳的小路向驻地一路狂奔。

项羽早已在营帐中等得不耐烦了,就叫都尉陈平出来找刘邦。陈平看见刘邦的车驾仍在营外,就是不见刘邦的身影,只得回帐禀报。

估计刘邦已经回到军营,张良这才进去向项羽道歉,他说:"沛公的酒量本来就不大,今天见到大王又十分高兴,一不小心喝多了,不能亲自向大王辞行。他让我捧上白璧一双,献给大王;玉斗一对,献给亚父。"

项羽问道:"沛公现在何处?"

张良说:"沛公已经独自一人离开大营,现在估计已经回到霸上了。"

项羽有些不满:"沛公为何不辞而别?"

张良不慌不忙地说:"大王胸襟开阔,行事光明磊落,自然不会加害沛公。但是大王的手下就不一定了,沛公无奈,只得离开。"

项羽就接过白璧,放在了座位上;亚父接过玉斗,扔在了地上,拔出剑来砍得粉碎,无奈地说道:"唉! 真是没法和你们这些小子们共谋大事,将来夺取项王天下的,一定就是刘邦。我们这些人就等着成为他的俘虏吧!"

张良在这次生死攸关的斗争中,以其大智大勇,既巧妙地帮助刘邦安全脱离虎口,又在项羽阵中埋下了君臣不和的祸根。

智慧结语

　　金蝉脱壳是三十六计之一,本来是说金蝉在蜕变时,身体脱离外壳而去,只留下蝉蜕挂在枝头。

　　作为一种军事谋略,金蝉脱壳是指通过伪装摆脱敌人，完成部队的转移，以实现己方的战略目标。

金蝉脱壳的用计要点是，转移时要稳住对方，采取保留形式、抽走内容的方式，使自己巧妙地脱离险境；同时，转移时切不可惊慌失措，自乱阵脚，否则一旦敌人发现，不仅会功亏一篑，而且会使己方陷入万劫不复的危险境地。

由于金蝉脱壳涉及部队转移，在形式上与消极逃跑有某些相似之处，但二者有本质的不同，切不可混为一谈，现分析如下。

第一，金蝉脱壳是建立在认真分析形势、准确作出判断的基础之上的，是军队统帅主动采取的一种化被动为主动的军事策略；而消极逃跑是一种被动的行为，不存在主动的因素。

第二，金蝉脱壳的目的是转移部队，脱离险境，以保存有生力量，为下一步的反攻做好准备，也就是说"退"是为了更好地"进"。而消极逃跑是为跑而跑，一走了事，至于未来的打算，是没有的。

金蝉脱壳是一种应用广泛的奇谋秘计，在政治上、商业上，甚至日常生活中都可以广泛运用。

下面就是一则"金蝉脱壳"的超级幽默。

英国前首相丘吉尔的父亲斯潘塞·丘吉尔公爵（1849—1895）是一位政绩斐然的政治家，同时又是一位擅长幽默的高手。

有一次，老丘吉尔在俱乐部的楼上碰见了一个空虚无聊的家伙，躲闪不及，被此人一把拉住。此人非常高兴，喋喋不休地对他讲一些无聊的废话，并对老丘吉尔的反感视而不见。

忍无可忍的老丘吉尔叫住了一位从旁边经过的男仆，小声地对他说："你就待在这里听他说话，一直听他讲完再离开。"

说完，老丘吉尔溜之大吉了。

第四章　运筹帷幄楚汉争

第一节　释疑心汉王烧栈道

汉元年(前 206)二月,项羽倚仗自己强大的军事实力,自立为西楚霸王,定都彭城(今江苏徐州),同时还打算分封 18 位诸侯王。

刘邦首先攻入咸阳,按照当年楚怀王与各路诸侯"谁先攻入关中,谁就做关中王"的公开约定,理应受封关中地区,刘邦对此也毫不怀疑。

然而,项羽始终放心不下刘邦,他虽然在鸿门宴上放走了刘邦,但是他丝毫没有怀疑刘邦有与自己争夺天下的雄心,那么,到底该如何安置刘邦呢?

无奈,项羽只好请范增前来商议,两人虽然因鸿门宴而闹得不太愉快,但是毕竟还没有到撕破脸皮的地步。听说项羽要召见自己,他就赶忙来到项羽的大帐中。

项羽对范增说:"我论功封赏诸侯,他人都不难安排,唯独不知该将刘邦封于何处,请亚父为我谋划一下。"

范增说:"大王当日在鸿门宴上没有杀死刘邦,已是失误;现在大王又要分封于他,岂不是错上加错?"

项羽见范增旧话重提,很不高兴,说:"刘邦没有什么罪过,我如果杀掉他,岂不要失掉人心?亚父还是好好帮我谋划一下分封的事吧!"

范增说:"大王如果真的要分封刘邦,不妨把他封为蜀王。"

"封为蜀王?"项羽多少有些感到意外。

范增说:"不错,封为蜀王。蜀地地势险要,偏僻荒凉,易入难出,秦时的囚犯往往被发配到此地,便是此意。"

项羽一想,的确如此。

范增说:"不仅如此,大王还要把富饶的关中地区一分为三,封给秦朝的三个降将章邯、司马欣和董翳,这样既可以使三人死心塌地地效忠大王,还可以利用他们作为屏障,阻止刘邦北上。"

项羽拍手称善,当即同意了范增的建议。

刘邦得知项羽将要分封各路诸侯,就派人向项伯处打听自己的分封情况,项伯让人回复道:"沛公将被封为蜀王,统治巴蜀地区。"

刘邦大怒,说:"项羽好生无礼,竟敢背叛楚怀王的约定,把我封到蜀地,这与流放又有何异? 来日我一定要与他决一死战。"

刘邦手下的将领樊哙、周勃、灌婴等个个义愤填膺,摩拳擦掌,纷纷表示要为刘邦讨个公道。

张良、萧何坚决不同意现在进攻项羽,劝阻刘邦说:"现在项羽兵势强盛,如果贸然进攻,无异于以卵击石。不如暂时据守蜀地,休养生息,然后待机而动,徐图天下。"

刘邦愤愤地说:"我实在是咽不下这口气呀!"

张良说:"大丈夫能屈能伸,忍一时之辱而得天下,有何不可? 况且现在分封情况还没有公布,说不定还可以疏通疏通。"

于是,张良将刘邦赏赐的百镒黄金和两斗珍珠拿出来,又向刘邦讨要了一些金银珠宝,亲自带着去见项伯。

项伯指着一大堆金银珠宝,笑着对张良说:"子房,你我是老朋友了,何必如此客气呢?"

张良说:"我早就想来看望项兄了,只是一直没得空闲。这点东西不仅是我的心意,也是沛公的心意。"

项伯笑着说:"沛公倒是知恩图报。"

张良说:"那是自然,沛公一直念念不忘项兄在鸿门宴上的救命之恩。"

项伯顺口说："沛公这次被封为蜀王，大概有些不高兴吧？"

张良说："沛公实在是感到委屈，他是奉楚怀王的命令破关入咸阳的，现在没有罪过，却被流放到蜀地，岂不是太不公平了？"

项伯说："项王也是迫不得已呀。"

张良说："我倒是有一计，既可以安抚沛公之心，又可以使项王不致承担负约之名。"

项伯说："不知子房有什么好办法？"

张良说："不如请项王把汉中之地加封给沛公，汉中本属于关中，这样一来，项王就不会再有负约之名了。"

项伯当即允诺前去劝说项羽。

封刘邦为蜀王，项羽本来就担心诸侯不服，现在听项伯说只要再加封刘邦汉中之地，既可以堵住其他诸侯和刘邦的嘴，又不至于让刘邦的势力过于强大，何乐而不为呢？于是就答应了刘邦的请求，改封刘邦为汉王。

这样，刘邦占据了秦岭以南的巴、蜀、汉中三郡之地，建都南郑（今陕西汉中南郑区东北）。

同年四月，刘邦率领 3 万将士与"楚与诸侯之慕从者数万人"离开关中，从杜县（今陕西西安鄠邑区）南下，经过蚀

(谷名,今陕西西安西南)中,向汉中进发。

这时,张良也要回到韩王成的身边。两人依依惜别,张良一路相送,一直送到了褒中(今陕西褒城)。

褒中群山连绵起伏,沿途皆是悬崖峭壁,只有栈道凌空高架,可以行人,除此别无他途。张良看到此处,不由心生一计。

他对刘邦说:"我有一计,既可以稳住项羽,打消他的疑虑,又能防备别人来偷袭,保汉国边境安宁。"

刘邦一听,非常高兴,忙问:"不知子房有何良策?"

张良说:"此计只有四字:火烧栈道。"

刘邦深以为然,在行进过程中,一边走,一边焚烧了沿途所经过的栈道。

张良离开刘邦后,回到了韩国。因为张良跟随刘邦的缘故,项羽没有让韩王成回到封国去,而是让他跟随自己一起东去。

张良见到项羽,对项羽说:"启禀霸王,我已经将汉王送到了汉中,而且亲眼看见汉王将所有的栈道焚毁,看来他是不打算再回来了。"

项羽闻说大喜,一颗悬着的心终于放下来了,刘邦既然焚毁栈道,看来他只是想安心经营巴蜀之地,不会再向东出兵找麻烦,现在终于可以高枕无忧了。

张良还把齐王田荣反叛之事报告了项羽,对他说:"齐国打算与赵国联合,一起来进攻楚国,大敌当前,灭顶之灾,霸王不可不防啊。"

张良心怀刘邦,此言意在将楚军的注意力引向东部。项羽果然中计,不再担忧西边的刘邦,转而进攻三齐诸地那些毫无竞争力的对手。

张良火烧栈道,可谓用心良苦,既消除了项羽的猜疑之心,又为刘邦的巩固发展和日后东进,取得了重要的保证。

刘邦进入汉中后,励精图治,积极休整。不久,刘邦一举平定三秦,夺取了关中宝地,倚据富饶而险要的关中地区作为根据地,开始与项羽逐鹿天下。

智慧结语

冯梦龙《智囊》有言:"道固委蛇,大成若缺。如莲在泥,入垢出洁。先号后笑,吉生凶灭。"

意思是说,道路本来就是曲曲折折的,永远笔直的道路是没有的;大功告成常常留有缺憾,永远的完美同样也是不存在的。就像莲藕生长在污泥中,只有进入污泥,才能开出高洁的荷花。有时故意使自己处于不利的境地,但这常常可以笑到最后,笑得最好。

封建时代,伴君如伴虎。封建时代的臣子或由于功高,或由于权重,或由于名盛,或由于财多,常常会遭到君主的猜疑,而任由猜疑发展下去,结果必然是轻则流放罢官,重则身死族灭。

到了现代,行政上的领导与被领导关系依然是我们无法回避的重要社会关系。权力划分失衡,利益分配不均,常常会使人处于被猜忌之中,虽不至于身死族灭,但对个人职务的升迁、经济利益的获取常常会产生至关重要的影响。

同事关系、朋友关系、同学关系对个人的发展也同样重要,由于利益分配不公、升迁机会不等、相互沟通不力等因素,产生猜疑也是不可避免的。

如何释疑,如何全身而退,这是一个永恒的话题,也带给人们无尽的困扰。

事实证明,仅仅表白问心无愧,仅仅宣称身正不怕影子斜,是远远不够的;借鉴古人的政治谋略,发挥个人的聪明才智,或许才是一条有效的释疑之道。

谣言,也可以算是一种"猜疑",而"三人成虎""谣言千遍成真理",则是对其破坏力的最好注解。

谣言的平息不是一件简单的事情,然而也并非不可能,因为"谣言止于智者"。只有充分发挥自己的智慧,才能保证自己既不是谣言的牺牲品,又不是谣言的帮凶,而成为置身事外的旁观者。

第二节　笼人心汉王许诺言

公元前205年春天,刘邦率领56万诸侯联军向东进攻楚国,大军一路长驱直入,很快就打到了楚国的都城彭城(今江苏徐州)。

当时,楚国的精锐部队都跟随项羽攻打田荣去了,彭城的守军人数不多,闻听刘邦大军前来进攻,都吓得四散逃走,刘邦大军不费吹灰之力,一举占领了彭城。

攻占彭城后,被胜利冲昏了头脑的刘邦,有一种报仇雪恨后的畅快,他得意扬扬地说:"项羽远在齐地,一时半会儿也打不回来。即使回来,我刘邦有56万大军以逸待劳,又有何惧呢?"

因此,刘邦没有采取有力的措施去安抚彭城的百姓,也没有刻意去笼络当地的官吏,反而旧"病"复发,将项羽掠夺来的财宝、美女全部收归己有,日日摆酒,夜夜笙歌。手下的将士看见刘邦如此,便也上行下效,天天畅饮,早将战备之事置之脑后。

逃出彭城的士兵将都城失守的消息告诉了项羽。项羽闻知大怒,命令诸将继续攻打齐国,自己则亲率3万精兵,从小路星夜兼程,打算夺回彭城。

3万楚军将士大多是本地人,听说汉军占领了自己的家园,无不担心自己家室的安危,因此,打起仗来个个奋勇当先,无不以一当十。

项羽由鲁地出发,经过胡陵(今山东鱼台),一路疾驰,马不停蹄,直抵彭城西面的萧县(今安徽萧县),然后趁着黎明时分,发起全线攻击,一路打到彭城。

刘邦数十万乌合之众,早已丧失了斗志,难以抵挡楚军的猛烈进攻,常常是一触即溃,四处逃散。刘邦也顾不上自己的父母妻儿,只带着张良等数十骑狼狈出逃,一路狂奔。

刘邦一行脱险后,听说其妻吕雉的哥哥吕泽①率军驻扎在下邑(今安徽砀山),便抄小路前往投奔。刘邦沿途收拢被打散的汉军,陆陆续续有一些汉军将士回到了他的身边,却早已是丢盔弃甲,狼狈不堪。

面对着残兵败将,刘邦十分沮丧,万分后悔,他清醒地意

---

① 吕泽(?—前199)　吕后长兄,汉初功臣,封周吕侯。率军参与楚汉战争,前199年战死,其部众后成为吕氏专权的重要力量。

识到目前汉军已经元气大伤,短时期内难以与项羽争锋,不如暂回关中休养。至于关东的广大地区,与其拱手让与项羽,不如索性封给豪杰之士,使其帮助自己,共同制衡楚国。

很快,刘邦来到了下邑。他请来张良,下马倚鞍道:"我打算放弃函谷关以东的地方,谁要是能为我破楚立功,我就把这些地方封赏给他。但不知道谁能够同我一起建功立业呢?"

张良沉思再三,说:"大王如果真的想放弃函谷关以东的地区,不妨封给三个人,只要他们肯鼎力相助,项羽何愁不灭?"

刘邦闻说大喜,连忙问道:"不知是哪三人?"

张良说:"第一个是九江王黥布。他有勇有谋,是楚国的猛将,但同项羽有隔阂。项羽让他出兵攻打田荣,他称病不去,只派了数千军队前往。为此,项羽对他颇为怨恨。后来,项羽又想假他之手除掉义帝,企图让他背负骂名,但是黥布却派人化装成强盗杀了义帝,你说他能不怨恨项羽吗?"

刘邦问:"那第二个呢?"

张良说:"第二个是彭越。"

刘邦说:"不错,彭越与项羽积怨已久。"

张良说:"因项羽分封诸侯时,没有封赏他,彭越早就对项羽心怀不满,而且田荣反楚时曾联络彭越一起造反,为此,项羽曾令肖公角攻伐他,结果未成。"

刘邦急切地问:"那第三个呢?"

张良说:"第三个人远在天边,近在眼前。"

刘邦感到有些意外,说:"子房是指……"

张良说:"他就是在南郑登台拜将的韩信啊。"

刘邦说:"韩信,他有那么厉害吗? 子房是否有点言过其实了?"

张良说:"韩信是一位难得的将才,既有杰出的军事指挥才能,又才智过人,足以托付大事,独当一面。大王只要封赏这三个人,那么打败楚国的日子一定不远了。"

刘邦听罢,不由地拍案叫好。

于是,他立即派人随萧何去游说九江王黥布,又派人去联络彭越。同时,委派韩信率兵攻占了燕、代、齐、赵等国的领地,发展壮大汉军力量,迂回包抄楚军。

公元前 202 年,刘邦追击项羽到了阳夏南边,并与淮阴侯韩信、建成侯彭越约好日期会合,共同攻打楚军。

刘邦率领的汉军早已到达固陵(今河南太康),而韩信、彭越的部队却迟迟没有来会合。项羽抓住这一有利时机,率军迎头痛击汉军,把汉军打得落花流水。

于是,刘邦只得逃回营垒,深掘壕沟,坚守不出。

汉王非常生气,问张良道:"韩信、彭越不守约定,至今迟迟不肯来与我军会合,这是为何?"

张良反问道:"楚军很快就要被消灭了,而韩信、彭越却迟迟没有得到自己的封地。如果大王被封为汉王,却没有明确的封地,大王会出兵吗?"

刘邦不解地说:"可是我已经封韩信为齐王,拜彭越为相国了呀!"

张良说:"不错,韩信确实被封为齐王,但这是他自请的,而非大王主动分封的,他心中自然不安,当然就不会出兵了。"

刘邦说:"我不是已经主动拜彭越为相国了吗?"

张良说:"不错,任命彭越为相国的确是大王主动而为的。但在魏王豹死后,他自然希望受封为王,而大王却迟迟未能加封。所以,他不来也是很自然的。"

刘邦问道:"那么,我该怎么办?"

张良说:"为今之计,大王只有把从陈县以东到海滨一带的地方都封给韩信,把睢阳以北到谷城的地方都封给彭越,使他们各为自己的利益而战,这样,楚军就容易被打败了。"

汉王说:"好。"

于是,刘邦连夜派出使者,告知韩信、彭越说:"只要你们与我合力击楚,打败楚军之后,我就把从陈县往东至海滨一带的地方封给齐王,把睢阳以北至谷城一带的地方封给彭相国。"

使者到达之后,韩信、彭越果然十分高兴,说:"请转告汉王,我们今天就带兵出发。"

在张良的谋划下,一个内外联合、共击项羽的军事联盟终于形成,彻底改变了楚汉战争的局势。刘邦最终能兵围垓下,消灭项羽,在很大程度上依靠的就是这三支军事力量。

智慧结语

利而诱之,出自《孙子兵法·始计篇》:"利而诱之,乱而取之,实而备之,强而避之……"

《百战奇略·利战》有言:"凡与敌战,其将贪利而不知害,可诱以利。"

作为一种军事谋略,利而诱之是指故意用辎重粮秣、珠宝财物或者战场上的其他小利,去引诱或欺骗敌人。

俗话说:"天下熙熙,皆为利来;天下攘攘,皆为利往。"对利的追求,或许可以说是人类永恒的本性,也是人类不断发展的动力。

利,本身无所谓对与错、好与坏,关键在于追求者能否将其欲望控制在合情、合理、合法的限度内,谋合理之利,谋合法之利。

现实生活中,利而诱之常常是某些政客惯用的伎俩,他们利用人普遍存有的生理需要和物质欲望,巧设圈套,诱使意志薄弱者或思想意识不健康者,为了区区蝇头小利,心甘情愿地为其效力。

利而诱之的方式多种多样:有的复杂,有的简单;有的巧妙,有的笨拙;有的公开,有的隐秘;有的含蓄,有的露骨。

利而诱之的过程也是多向的:有的是上司先设下圈套,引诱下属上钩;有的是下属主动上钩,上司随即将计就计,投其所好;有的是上司利诱下属,下属也利诱上司,双方以"利"为纽,互相勾结,互相利用。

值得注意的是,利而诱之与奖励有本质的区别。

利而诱之常常是不正当的、不公开的或非常规的。它奖励的目的往往是为了私人利益,而非为了公共利益。

奖励常常是公开的,甚至是大张旗鼓的,奖励的东西也是合理合法的,奖励的目的是为了树立典型、肯定贡献、调动积极性等。

第三节　晓利害劝阻封六国

公元前 204 年三月,刘邦与项羽已在荥阳一带对峙达十个月之久,楚军多次占领汉军从敖仓往荥阳运送粮草的通道,城内的汉军粮草匮乏,渐渐难以为继。

刘邦又是害怕,又是担忧。于是,他紧急召见郦食其,商议如何才能够削弱楚国的势力,解除荥阳之围。

郦食其说:"现在楚军倾其全力来进攻荥阳,士气正旺,我军无法与其争锋,为今之计,不如分封诸侯,让他们牵制楚军的兵力,或许可以解除荥阳之围。"

刘邦说:"不知此计是否可行?"

郦食其说:"大王不用担心,这是有例可循的。昔日商汤讨伐夏桀,封夏桀的后人于杞国。周武王讨伐商纣,封商纣的后人于宋国。现如今秦朝丧失了德政,抛弃了道义,不但消灭了东方六国,而且使六国的后人丧失了立足之地,所以才很快灭亡。"

刘邦问:"那么,我该怎么做呢?"

郦食其说:"大王只需重新分封六国的后裔,并授予他们印信,这样,六国的君臣百姓一定会对大王感恩戴德,一定会仰慕大王道义,心甘情愿地做大王的臣民。这样,大王就可以南面称霸,楚王也一定会敛衽而朝。"

这是一种"饮鸩止渴"的权宜之计,当时刘邦并没有意识到它的危害性,反而拍手称赞,说:"太好了!那就赶快刻制印信,先生就可以带着这些印信出发了。"

郦食其还没有动身,张良外出回来,前来拜见刘邦。当时,刘邦正在吃饭,但一看是张良,还是请他进来。

刘邦一边吃饭,一边说:"子房过来!近来有人为我献计,以削弱楚国的势力,我正想听听你的意见。"

接着,刘邦就把郦食其的话告诉了张良,问道:"子房,你看这事怎么样?"

张良听了大吃一惊,连忙问道:"不知是谁替大王出的这个主意?要是真这样做的话,那么,大王的大事就要完了。"

刘邦顿时惊慌失措,忙说:"子房有点太夸张了吧!不知你为何这么说?"

张良顺手拿起桌上的筷子,说:"请汉王允许我借用筷子为您筹划一下形势,说明分封的害处。"

接着,张良侃侃而谈:"昔日商汤讨伐夏桀,封夏桀的后代于杞国,那是估计到能制桀于死命。当前大王能制项籍于死命吗?"

刘邦说:"不能。"

张良说:"这是不能那样做的第一个原因。周武王讨伐商纣,封商纣的后代于宋国,那是估计到能得到纣王的脑袋。现在大王能得到项籍的脑袋吗?"

刘邦说:"不能。"

张良说:"这是不能那样做的第二个原因。当年武王攻入殷商的都城后,公开表彰了贤人商容,当众释放了被囚禁的箕子,重新修筑了比干的坟墓。如今大王能做到这一切吗?"

刘邦说:"不能。"

张良说:"这是不能那样做的第三个原因。周武王曾经发放巨桥粮仓里的粮食,分发鹿台府库里的钱财,把它们赏赐给贫穷的百姓。目前大王能打开所有的仓库,并把里面的财物赏赐给穷人吗?"

刘邦说:"不能。"

张良说:"这是不能那样做的第四个原因。周武王消灭商纣以后,偃武备而治礼乐,倒放干戈,覆以虎皮,以示天下太平,不再使用武力。现在大王能停止战备,推行文治,不再用兵打仗了吗?"

刘邦说:"不能。"

张良说:"这是不能那样做的第五个原因。周武王在华山的南面放牧战马,以此表明不再乘用它们。目前大王能让您的战马休息,不再使用它们吗?"

刘邦说:"不能。"

张良说:"这是不能那样做的第六个原因。周武王在桃林的北面放牛,以此表明不再需要它们运输辎重和粮草。现在大王能放牧牛群,不再运输辎重和粮草吗?"

刘邦说:"不能。"

张良说:"这是不能那样做的第七个原因。况且天下的豪杰志士离开他们的亲人,抛弃祖先的坟茔,告别故旧朋友,跟随大王东奔西走,目的只是盼望着能够得到一块小小的封地。现在如果恢复六国,分封韩、魏、燕、赵、齐、楚的后代,那么,天下的豪杰志士只会回去侍奉自己的君主,陪伴自己的亲人,返回自己的故旧之地,谁还会与大王一起去夺取天下呢?这是不能那样做的第八个原因。目前,只要楚国依旧强大,那些被封立的六国后代只会归顺楚国,追随项羽,大王怎么能指望他们臣服于您,并听从您的调遣呢?如果真的采用分封之计,那么大王的大事真的要完了。"

张良的分析,真是一语中的,字字珠玑,精妙至极。他敏锐地看到古今时移势异,因而绝不能照抄照搬"古圣先贤"的做法。

尤其重要的是,张良认为列图封疆是一种很有吸引力的奖掖手段,应该赏赐给战争中的有功之臣,用以鼓励天下将士追随自己,使之成为一种维系将士之心的重要措施。现在,如果反其道而行之,那还能靠什么来激励将士,从而取得战争的胜利呢?

张良借箸谏阻分封,终于使刘邦茅塞顿开,恍然大悟。刘邦气得连饭也不吃了,干脆吐出口中的食物,骂道:"这个不中用的书呆子,几乎败坏了老子的大事!"

于是,刘邦下令赶快销毁那些刻好的印信,从而避免了一次重大战略失误,同时也为后来汉王朝的统一消除了不少阻力和麻烦。

智慧结语

《吕氏春秋·慎大览》有言:"上胡不法先王之法?非不贤也,为其不可得而法。"

意思是说,古代帝王的法令制度不是不好,但它是适应当时的需要制定的,而现在的形势与古代不同,怎么能一味地照抄照搬呢?

所以,书中提出了"世易时移,变法宜矣"的著名论断,要求统治者根据具体形势,制定具体的法律制度,以便更好地服务于国家治理,安其邦,定其国。

治理国家是如此,日常生活也是如此。

鹦鹉学舌是错的,

邯郸学步是错的,

纸上谈兵是错的,

......

错就错在他们只知道依葫芦画瓢,甚至是直接拿着葫芦当瓢,不懂得根据变化了的形势,用自己肩上的脑袋去思考,而是把别人的脑袋直接安到了自己的肩上。这样做的结果,小则害己害人,大则祸国殃民。

一个不懂创新的个人,是可怜的。

一个不懂创新的国家,是僵化的。

一个不懂创新的民族,是危险的。

......

法古或许可以原谅,但是泥古注定是一种致命错误。

事实证明,只有解放思想,根据不断变化的形势,用自己的眼睛观察,用自己的脑袋思考,才能做到少犯错误,甚至不犯错误。

第四节　稳将心力主封韩信

当刘邦被项羽围困在荥阳的时候,韩信却在北路战线上节节胜利,捷报频传。

韩信先是平定了魏、代、赵、燕之地,接着,他又乘胜击楚,杀死了楚将龙且,追至城阳,擒获齐王田广。很快,韩信率领的汉军就占领了齐国全境。

韩信看到齐地富庶,人口众多,不由有些心动,便想自立为王,于是,他派人持书前去拜见刘邦。

当时,大病初愈的刘邦刚从栎阳到达广武军前。

一日,刘邦正在营中议事,忽然侍卫进帐报告:"大将韩信遣使前来求见大王。"

刘邦正不知道北方战事如何,听说韩信派来了使者,非常高兴,连忙说:"快传来使。"

使者报告说:"托汉王洪福,韩信将军已经消灭楚将龙且,杀死了齐王田广,占领了齐国全境。"

刘邦闻之大喜。

看到刘邦非常高兴,使者趁机又说:"韩信将军还有一封信送给大王,请大王过目。"

刘邦打开一看，信上写道："齐人狡诈多变，反复无常，齐地南面又与楚国交界，如果不设立一个代理齐王来镇压和安抚，恐怕局势不能稳定。为了稳定当前的局势，希望汉王能够允许我暂时代理齐王。"

刘邦不由怒火中烧，拍案而起，破口骂道："韩信这个混蛋，我在这儿被项羽围困，天天盼望着他能前来帮助我，想不到他非但不来，反而想在那里自立为王！"

当时，张良正坐在刘邦的旁边，就连忙暗中碰了碰刘邦的脚。刘邦一看张良正在向自己使眼色，知道他肯定有话要说，就赶紧打住了。

原来，张良清楚地知道，韩信有杰出的军事才能，再加上掌握着大量的军队，对目前楚汉战争的胜负起着举足轻重的作用。若刘邦与韩信翻脸，轻则形成刘邦、项羽和韩信三足鼎立的局面；重则促使韩信与项羽联合，共同进攻刘邦。无论出现哪一种局面，对刘邦目前的处境来说，无疑都是雪上加霜。

反之，如果答应韩信的请求，韩信必然心甘情愿供刘邦驱使，这样就可以调动韩信的军队去进攻楚国，大大牵制项羽的兵力，缓解目前军事上的困境。

再说，韩信目前远在齐地，如果他一意孤行，坚持称王，以刘邦目前的军事实力根本就无法阻止，还不如做个顺水人情,封韩信为齐王。

于是,张良凑到刘邦的耳边,轻声说:"大王息怒。目前我军的处境十分不利,汉王有什么能力禁止韩信称王呢? 这件事还得从长计议。"

刘邦还是咽不下这口气,生气地说:"那你说该怎么办? 难道韩信想称王就让他称王?"

张良说:"小不忍则乱大谋,以目前的形势,大王不如顺势册封他为齐王,好好地善待他,让他替大王镇守齐国,同时让他分兵来一起攻打项羽。若非如此,大王的大事就危险了!"

刘邦恍然大悟,立即感到先前失言了,于是改口说:"我刚才是怎么啦? 大概是大病初愈,神情有些恍惚吧! 来人呀,摆宴招待来使。"

使者看见刘邦先怒后喜,不禁有些迷惑,不知刘邦葫芦里卖的是什么药,又担心刘邦一怒之下杀了自己,忙说:"韩将军只是有此想法而已,大王若是不同意,小人回去告诉韩将军就是了。"

刘邦哈哈大笑:"哪里,哪里,这个主意好得很。刚才,我还和子房商议,觉得齐地南与楚国相接,若无得力大将镇守,必将被楚国夺去,而韩将军劳苦功高,又一举攻占了齐国全境,理应为王。大丈夫要做就做个真王,何必做个暂时代理的王呢?"

张良与陈平在旁边点头称是,说:"韩将军攻无不克,战无不胜,当之无愧啊!"

使者喜出望外,连忙谢恩。

刘邦说:"来使一路辛苦,就先在这里暂住两天,等到印信刻制完毕再启程吧!"

使者连忙说道:"遵命。"

刘邦又转过头来,对张良说:"册封齐王一事还得劳烦子房辛苦一趟,不知子房可愿意?"

张良立即明白了刘邦的用意,说:"我非常乐意前去,请汉王放心,我一定不辱使命。"

于是,张良带着刻好的印信,由韩信的使者陪同,前往城阳韩信的大营,隆重地为韩信举行了分封仪式。

仪式结束后,韩信摆酒设宴,热情地招待张良。

韩信说:"子房不远千里,前来为我加封,我非常感激。来,我敬子房一杯!"

张良笑着说:"能有机会为大王的爱将加封,我求之不得呀。"

韩信说:"感谢大王的信任! 不瞒子房说,我刚开始向大王请封时,心里还十分担心呢。"

张良说:"担心大王猜疑你吗?"

韩信说："不错,使者走后,我甚至都有点后悔了。"

张良笑着说："将军多虑了,如果大王真的猜疑你,怎么还会将齐王之位加封于你呢?"

韩信说："不错,我现在总算放心了。请子房转告汉王,我韩信誓死效忠。"

张良说："将军位极人臣,虽然以前汉王未曾怀疑过将军,以后难免有小人挑拨离间,将军不可不防啊。"

韩信有些惊恐,问道："不知子房有何妙计?"

张良说："现在,汉王正与项羽鏖战,如果将军肯派一支精锐部队追随汉王作战,那么,即使有小人从中作祟,汉王也一定不会怀疑将军的忠诚。"

韩信说："好。"

于是,韩信就将一支精锐部队交给张良,由张良带领去见汉王。

后人评价此事时曾说："取非其有(指齐地本来就不是刘邦夺得的)以予人,行虚惠而获实福。"

韩信封王,虽然是刘邦对韩信的暂时妥协,但这个顺水人情和权宜之计,成功地解决了汉军内部的权力之争,居然笼住了韩信,赢得了楚汉天平上一个关键的筹码。

智慧结语

俗话说:"天下没有免费的午餐。"

不劳而获,空手套白狼的好事或许是有的,但决不会经常发生。任何获得都具有成本,都需要付出一定的代价,这就是对"欲取姑与"最通俗的解释。

对于这一点,我国古代的哲人有深刻的认识,也说过许多今天读来仍发人深省的至理名言。

道家的创始人老子在《道德经》第三十六章中说:"将欲废之,必固举之;将欲夺之,必固与之。"

战国时期法家的集大成者韩非在《韩非子》中引《周书》的话说:"将欲败之,必姑辅之;将欲取之,必姑与之。"

名言的表述形式各异,但中心意思大体相同,都强调了"欲取姑与"的哲理。

欲取姑与,是矛盾的辩证统一体。

"与"是达到目的的一种手段,"取"是最终的目的,一切的"与"都是以"取"为前提的,都要看自己是否有利可图。也就是说,"与"归根到底是为了更好地"取"。

换言之,在条件还不具备的时候,要想夺取或保存某种东西,可以暂时放弃或交出它,等待时机,创造条件,一旦时机或条件成熟,再把它夺回来。

用于军事,欲取姑与常常是己方暂时做出某种让步,使敌方获得某种好处或者战略上的优势,然后耐心等待进攻时机的到来,从而一举消灭敌人。

用于生活,欲取姑与常常是先向对方施加小恩小惠,让对方尝到甜头,或者形成习惯,或者形成依赖,然后再从对方那里获取更大的政治、经济利益。

有人曾将"欲取姑与"的谋略戏称为一种"喂猪猡"战术,意为先给对方好处,让他洋洋自得,然后才收拾他。这正应了民间那句老话"养肥了猪猡再开刀"。

客观地说,这种谋略的本身并没有好坏之分,但用起来常常具有神奇的功效。

第五节　宜将剩勇追穷寇

公元前203年,楚汉战场上发生了根本性的转折,形势越来越有利于刘邦:汉军与楚军在广武(今河南荥阳广武镇附近)对峙数月,汉军坚守不出,与楚军打起了旷日持久的消耗战;韩信北据齐地(今山东省境内),不断派兵袭击楚军的后方;彭越又屡次从梁地(今河南东部、山东西南部一带)出兵,断绝了楚军的粮道。

楚军的粮草辎重无法及时得到补给,士气逐渐低落,项羽没有办法,只好暗自准备撤军。

一日,项羽正在营帐中闷坐,忽然得报:"刘邦派遣使者求见。"

项羽心中暗喜,估计刘邦是有求于己,传令道:"有请来使。"

刘邦派遣的使者是侯成。只见侯成慢步徐入,不卑不亢,行礼已毕,说:"楚汉纷争,已有多年,士兵厌战,生灵涂炭,因此,汉王命微臣与大王商讨和谈之事。"

此话正合项羽的心意,不过,项羽表面故作不满状,说:"有什么好谈的? 你回去告诉刘邦,叫他赶快与我决一雌雄,不要躲在那里当缩头乌龟。"

侯成说:"战则胜负难料,况且两国交兵已久,士卒疲敝,汉王真的不愿再与项王争锋了。以微臣看来,两国不如化干戈为玉帛,各守其土,相安无事。"

项羽淡淡地说:"据你说来,汉王是真心议和了。不知汉王有什么条件?"

侯成说:"汉王的议和条件只有两个。"

项羽不满地说:"有话就说,何必吞吞吐吐?"

侯成说:"第一,楚汉两国,划定疆界。从此以后,两国各守其土,互不侵犯,不知大王意下如何?"

项羽说:"可以。至于两国在何处划界,还是可以商量的。那第二个条件呢?"

侯成说:"既然两国议和,还请大王将汉王的父亲和妻儿送归汉王,使他们骨肉团圆。"

项羽听了哈哈大笑,说:"刘邦难道把我当成三岁孩童不成? 看来他议和是假,要回老父和妻儿是真! 我不杀你,你回去告诉刘邦,别让他做梦了!"

侯成不慌不忙地说:"大王可知道沛公为何兵出关中?"

项羽说:"当然是想与我争夺天下。"

侯成说:"大王误解沛公了。大王封沛公为汉王,令其居住巴蜀,远离妻儿,沛公难免会牵挂他们。上次沛公潜至彭城,无非是为了搬取家人、亲人团聚而已。如果大王坚持扣押汉王的家人,大王认为汉王会安心撤军吗? 即使现在撤军,将来他能与大王和平共处吗? 微臣以为,大王不如趁机将汉王的家人放回,这样既可以显示大王的仁慈之心,又能使汉王安心撤军,一举两得,大王何乐而不为呢?"

侯成鼓动唇舌,终于说动了项羽,答应送归沛公的父亲和妻儿。

汉四年(前203)九月,楚汉议和成功,双方以鸿沟为界,鸿沟以东归楚国,鸿沟以西归汉国。同时,项羽派人送回了刘邦的父亲和妻儿。

不久,项羽就拔营东归,准备回到楚都彭城。刘邦也命令将士收拾行装,打算率军回到汉中。

在这历史发展的紧要关头,张良作为谋略家的作用再次凸显,他敏锐地看出了项羽目前已处于腹背受敌、捉襟见肘的困境中,对于消灭项羽来说是个千载难逢的机会。

于是,张良拉着陈平一起去拜见刘邦,问道:"不知大王现在有何打算?"

刘邦说:"议和已成,我当然要率军返回汉中,不然留在这里干什么?"

张良说:"汉王此言当真?"

刘邦笑着说:"岂能有假?"

张良说:"如果那样,真是太可惜了。"

刘邦感到奇怪,忙问:"子房何出此言?"

张良说:"汉王议和,无非是为了太公和吕后等人,现在人已要回,大王还有什么后顾之忧呢?如果现在放走项羽而不打他,就会给他以喘息之机,等到他元气恢复,必会前来报仇,这就是所谓的'养虎遗患'啊。"

陈平也在旁边说:"陛下现在已经占据了天下的大半,诸侯又都心甘情愿地归附于您;而楚军已兵疲粮尽,这正是上天赐给我们的灭亡楚国的时机,不如索性趁此机会把它消灭。"

刘邦听从了他们的建议,亲率大军追击项羽,同时命令韩信、彭越火速出兵,合击项羽。

汉军各路兵马陆续集结到了垓下(今安徽灵璧)。汉军元帅韩信先用"十面埋伏"之计兵围项羽于垓下,继而又用"四面楚歌"之计沉重打击楚军的士气,最终迫使项羽兵败而逃,自刎于乌江。

至此,长达四年之久的楚汉战争,以项羽的失败、刘邦的彻底胜利而告终。

智慧结语

俗话说:"机不可失,时不再来。"

俗话说:"过了这个村,没有这个店。"

机会只有一次,故而显得弥足珍贵,值得好好珍惜,牢牢把握。

抓住时机,我们可以弥补过失。

抓住时机,我们可以增强沟通。

抓住时机,我们可以成就事业。

抓住时机,我们可以开创未来。

......

作战之时,常有"抓住时机,宜将剩勇追穷寇"之言,又有"穷寇莫追"之说,二者是不是矛盾的呢?

其实不然。

"宜将剩勇追穷寇"是战略上的,意思是要干净彻底地消灭敌人,最好是斩草除根,不给敌人留下任何死灰复燃的机会。

而"穷寇莫追"是战术上的,意思是对于敌人不要威逼太甚,否则只能使敌人增强斗志。所谓"围城必缺"就是要让敌人看到生的希望,涣散其反抗意志,防止其狗急跳墙、负隅顽抗。

因此,穷寇莫追不是不追,而是缓追,目的当然是最终彻底消灭敌人。

第五章　治国安邦定社稷

第一节　定人心建议封雍齿

公元前 201 年,楚汉战争已经结束,天下局势趋于稳定,汉高祖刘邦在分封异姓诸侯王和同姓诸侯王的同时,还先后封赏了萧何等功勋卓著的大臣 20 余人。

然而,追随刘邦南征北战的将领人数众多,一时难以全封。这些将领都非常着急,日夜争功不休,由于不好评判谁的功劳大,谁的功劳小,封赏工作也就陷于停顿。

当时,刘邦住在洛阳的南宫。有一天,他与张良漫步于宫中的复道上,看见将领三五成群地坐在水边的沙地上,交头接耳,不知在商量什么。

刘邦起初不以为意,只是感到好奇,指着那些人问张良:"你知道他们在那里说什么吗?"

张良故作惊讶地说："陛下还不知道吗？他们这是在商量谋反呀。"

刘邦不大相信，笑着说："现在天下已接近安定，他们还要谋反，恐怕不至于吧？"

张良一本正经地说："陛下，臣绝非危言耸听，他们的确是在商量谋反。"

刘邦更加疑惑了，说："这怎么可能呢？"

张良说："这怎么不可能？陛下以平民的身份起家，靠着这些人的帮助才夺取了天下。现在陛下做了天子，封赏的是萧何、曹参这些平时陛下所亲近和宠幸的故人，而杀死的是那些往日与陛下有仇的人，不知道臣说得对不对？"

刘邦若有所思，点了点头。

张良接着说："如今将领们论功封赏，认为即使把天下的土地都封光，也不是人人都能得到封赏。他们担心分封不到自己，又害怕因为平时的过失而被陛下杀死，所以，就聚在一起商量着要造反。"

刘邦感到十分不安，着急地问："这件事该怎么处理才好？"

张良说："当务之急是要尽快安抚人心，只要人心稳定，事情就好办多了。"

刘邦问："不知子房有何良策？"

张良略加思考,说:"敢问陛下,你平时最讨厌而群臣又都知道的人是谁?"

刘邦说:"是雍齿。当初我起兵之时,曾经叫他留守丰邑,不料他竟然投降了魏国,帮助魏国对抗我,后由魏走赵,由赵转而投降了张耳,又被张耳派来助我攻楚。这种反复无常的小人,我当时就想宰了他,无奈当时正是用人之际,我不得已才留了他一条狗命。等到灭楚以后,因为他有不少战功,我不忍心无故杀他,才让他侥幸活到了今天。"

张良说:"那陛下赶紧封赏雍齿吧!"

刘邦眼睛一瞪,说:"封赏雍齿?我没杀他就已经不错了,凭什么还要封他?"

张良说:"雍齿固然该杀,但是如果陛下封赏他,那么,群臣看见连陛下的仇人都能受封,就会对自己得到封赏坚信不疑了,自然也就不会造反。"

于是,刘邦便摆设酒宴,当场分封雍齿为什方侯,并当着群臣的面催促丞相、御史尽快评定大臣们的功劳,论功行赏。

吃过酒后,群臣都高兴地说:"雍齿都能被封侯,我们这些人还有什么可担忧的呢?"

群臣是否在商量谋反,不能妄下断语,但张良通过谏封雍齿,纠正了刘邦任人唯亲、赏罚不公的错误,轻而易举地缓和了统治集团内部的矛盾，避免了一场可能发生的动乱。

张良这种封一仇而安众心的政治谋略，也常常被后世政客们如法炮制。

智慧结语

古语说："用兵之道，攻心为上，攻城为下；心战为上，兵战为下。"

意思是说，用兵打仗，要善于从思想上瓦解敌人的斗志，而不要一味地依靠武力解决问题，不战而屈人之兵，方是上上之策。

心战的目的多种多样，或为延揽人才，或为平定叛乱，或为安抚对方，或为稳定人心，等等。

不同的目的，不同的对象，决定了心战要采用不同的方式，因时因地因人而异。

心战的方式多种多样，或用一人而得众心，或杀一人而安众心，或留一人而拴众心，或责一人而警众心，或擒一人而定众心，等等。法无常法，贵在恰当。

要用好心战，必须善于揣摩人心，做到将心比心，换位思考，唯有如此，才能使心战之法更好地发挥它的妙处。否则，必然弄巧成拙，甚至为人所利用而不知。

第二节　陈利弊主张都关中

汉朝国基初奠,天下局势始定,国都定于何处,这对新兴的西汉王朝的巩固和发展无疑具有至关重要的意义。

刘邦登基不久,定都之事自然提到了议事日程。于是,他召集群臣,说:"诸位爱卿,我大汉已立,但都城未定,朕想听听诸位的高见。诸位爱卿尽管畅言。"

刘邦话音刚落,下面的大臣就嚷嚷开了。

有的大臣说:"陛下,臣以为应当定都咸阳,秦朝就是在那里延续六百年基业的。"

有的大臣说:"咸阳有什么好的? 再说,秦国的宫殿早就让项羽一把火给烧了,咱们回去后又能住在哪儿?"

有的大臣说:"还是定都洛阳吧,陛下在洛阳登基,当然要定都此地了。"

有的大臣说:"不错,这儿地势险要,而且离老家又近,陛下何必舍近而求远呢?"

这时,一位老儒生站了起来,摇头晃脑地说:"陛下,东都洛阳,从周公时代就已经开始经营,至今已绵延几百年。洛阳东面有成皋,西面有崤山、渑池,背靠黄河,面向伊水、洛水,地势险要,城郭坚固,是个理想的都城啊。所以,老臣认为陛下还是应该定都洛阳。"

老儒生说得头头是道,立刻引来一片附和声,原来这些大臣多是原来六国之人,眷恋故土,安土重迁,都不愿意西去。

正在争论不休之时,忽然有人来报,一个名叫娄敬的陇西戍卒殿外求见。

娄敬本是齐国人,汉五年(前202)五月应征到陕西戍守边境,途经洛阳时,他看见洛阳正在大兴土木,一片繁忙的景象,料想朝廷可能建都于此,于是就通过同乡虞将军求见刘邦。

虞将军看见娄敬穿着粗布衣服,觉得未免太寒酸,就劝他换一身鲜艳点的衣服去拜见刘邦。

娄敬说:"我穿着丝绸衣服来,就穿着丝绸衣服去拜见,我穿着粗布短衣来,就穿着粗布短衣去拜见,我是决不会换衣服的。"

虞将军无奈,也就不再勉强他。

刘邦召见娄敬,说:"听说你要向朕陈述定都之事,不知有何高见?不妨说来给朕听听。"

娄敬问:"不知陛下意欲定都何处?"

刘邦说:"大臣多数主张定都洛阳。"

娄敬问:"陛下以洛阳为都,不知是不是想与周朝一比隆盛?"

刘邦说:"不错。"

娄敬说:"臣以为陛下取得天下的方式,与周朝不同。"

刘邦说:"敢问周朝是如何取得天下的?"

娄敬侃侃而谈:"周朝的先祖后稷,被尧封于邰(今陕西武功),积善累德十几代。到公刘时,为躲避夏桀的暴政,迁居到豳地(今陕西彬县)居住。到太王古公亶父时,因为狄族侵扰的缘故,离开豳地,赶着牲畜迁往岐山(今陕西岐山北),部族的人都争相跟着他。到了周文王时,他妥善地解决了虞芮两国的争端,成为禀受天命统治天下的人,贤能之士吕尚、伯夷都从海边归附于他。周武王兴兵讨伐商纣时,不约而同到孟津会盟的诸侯有八百之多,大家都说可以讨伐商纣王了,于是,一举就灭掉了商朝。

"周成王即位时,周公等人辅佐他,就开始营建洛阳,只因为它是天下的中心,四方诸侯前来纳贡述职,道路的距离是大体均等的。有德行的君主在这里容易称王统治天下,没德行的君主在这里却很容易败亡。凡是建都洛阳的,都是想令后世的君主像周朝一样用德政来感召人民,而不想依靠险要的地理形势,让后代君主骄奢淫逸虐待百姓。在周朝鼎盛时期,天下和睦,四方诸侯归附周朝,仰慕周王的道义，感念他的恩德。到了周朝衰败的时候，天下诸侯没有谁再来朝拜，周王也不能控制天下。这固然是由于周王的德行浅薄，也与洛阳的形势太弱有关。"

刘邦又问："那寡人获得天下的方式又有什么不同呢？"

娄敬说："如今陛下从丰邑沛县起兵，聚集士卒3 000人，率领他们席卷巴蜀和关中地区，平定三秦，与项羽在荥阳交战，争夺成皋之险，大战70次，小战40次，使天下百姓肝脑涂地，父子兄弟尸横遍野，不可胜数，百姓凄惨的哭声不绝于耳，伤病残疾之人欲动不能，情形如此，要与周朝成康盛世相比，我认为这是不能同日而语的。"

刘邦问："那依你之见，又该定都何处？"

娄敬说："秦地背靠华山，黄河环绕，四面都有险要之处可以固守，即使发生了危急的情况，百万之众的雄兵可以迅速集结起来。以秦国原来的经营作为基础，又以肥沃的土地为依托，这就是人们常说的'天府之地'啊。陛下建都关中，即使山东地区有祸乱，秦国原有的地方仍是可以保全的。譬如与别人搏斗，不去扼住他的咽喉，却去攻击他的后背，是不能完全获胜的。现在陛下如果进入函谷关内建都，控制着秦国原有的地区，也就是扼住了天下的咽喉而又攻击它的后背啊。"

刘邦认为娄敬的话很有道理，但定都毕竟是朝廷大事，他决定再去征求一下张良的意见。

张良说:"陛下,洛阳的确是天然的险固之处,但它的腹地狭小,方圆不过数百里,土地又十分贫瘠,更为关键的是它四面受敌,因此,臣认为洛阳不是用武治国之地。"

刘邦说:"如此说来,子房也不赞成定都洛阳了?"

张良说:"不错,臣还是认为陛下应该定都关中。"

刘邦说:"请子房为朕分析一下,究竟为何非要定都关中不可?"

张良不慌不忙地说:"关中东面有崤山、函谷关,西面有陇山、岷山,土地肥美,沃野千里,南面有富饶的巴蜀两郡,北面有可放牧牛马的大草原,凭借三面的险阻可以用来固守,又有一面向东方可以控制天下诸侯。如果关东诸侯安定,则可以由黄河、渭河运送天下的物资,向西供应都城长安;如果一旦诸侯发生变故,朝廷可以顺流而下,足以运送物资保障前方的战事。昔人称之为'金城千里,天府之国',诚非虚言! 臣认为娄敬的建议是对的。"

张良的分析全面而深刻,加之素负重望,又深得刘邦信赖,因而汉高祖当即决定定都关中。

汉五年(前 202)八月,刘邦正式迁都长安(今陕西西安西北)。

智慧结语

有人说:"天下为公。"

也有人说:"欲望不知何为满足。"

有人说:"为人民服务。"

也有人说:"天下熙熙,皆为利来;天下攘攘,皆为利往。"

看来,"公"与"私"似乎是一对不可调和的矛盾,那么,如何才能处理好两者的关系,使两者在行为处世中和谐共处呢?

公私分明,只有公私分明!

生活之中,常常看见有些人以厂为"家",以校为"家",以企业为"家",似乎只要是在自己的掌管之下的,都是自己家的,想拿什么就拿什么,想怎么处理就怎么处理,活脱脱一副土皇帝的嘴脸,结果常常是手伸得太长,拿得太多,落得个锒铛入狱。

古往今来,也有些智者贤人,外举不避仇,内举不避亲,不贪公利,不装私心,真正做到了心底无私,公私分明,为世人所敬仰,为后人所铭记。

公私分明,你做到了吗?

第三节　请四皓设计保太子

吕后①是刘邦的正妻,为刘邦生有一子一女,即太子刘盈和鲁元公主。按照封建社会的王位继承制度,刘邦理应册立刘盈为太子。

后来,情况发生了变化,刘邦在战争中遇到了一个美人,叫戚姬②,她长得非常漂亮,也很善解人意,因而深得刘邦的宠爱。刘邦常常是走到哪里,就把她带到哪里,甚至连行军打仗也不例外。

戚姬天天陪在刘邦的身边,经常在刘邦面前哭泣,让刘邦废掉太子刘盈,改立自己的儿子如意。时间一长,刘邦也开始动摇了,打算废掉刘盈。

废长立幼,这是封建专制制度的大忌,自然遭到了很多大臣的反对。他们纷纷进谏劝阻,刘邦表面上答应着,但是内心还是不放弃更换太子的打算。眼看儿子的太子

---

① 吕后(吕雉,前241—前180)　中国首位临朝女性(前195—前180摄政),掌握朝政十六年,延续休养生息政策。汉初诛杀韩信、彭越,残害戚姬,分封诸吕。死后诸吕谋反,被太尉周勃等人平定。

② 戚姬(戚夫人,？—约前194)　刘邦宠妃,与吕后争储失败。前194年被吕后制成"人彘",其子赵王如意亦被杀,墓葬无考。

之位即将被剥夺，吕后十分惶恐，但是又不知道该如何去保全。

这时，有人对吕后说："张良善于出谋划策，皇上一直都非常相信他，也非常倚重他，您不妨去求他试一试。"

于是，吕后就派他的哥哥建成侯吕泽去找张良，对张良说："您一直都是皇上的心腹谋臣，现在皇上打算更换太子，您怎么能高枕而卧呢？"

张良对于皇室的明争暗斗，向来恪守"疏不间亲"的古训。于是，他推脱道："当初皇上多次处在危急关头，幸而采用了我的计谋，最终化险为夷。如今天下安定，皇上因为自己的偏爱而想更换太子，这是他们至亲骨肉之间的事，我们这些做臣子的，即使人数再多，恐怕也是无济于事的。"

吕泽再三请求他，说："实话告诉你吧，是吕后让我来请教你的，留侯无论如何也要给我出个主意。"

张良被逼无奈，只好说："这种事情，其实是很难用口舌来争辩的。要想保住太子的地位，或许可以请商山四皓来帮忙。"

吕泽问道："恕我孤陋寡闻，不知商山四皓是何许人也？还请留侯告知。"

张良说："商山四皓是隐居于商山的四位隐士，皇上一直都很器重他们,曾经多次派人前去征召,希望他们能够出山为朝廷效力,但他们觉得皇上对人傲慢无礼,所以就远远地躲进山中,始终不愿意出来。"

吕泽为难地说:"既然皇上都征召不来,我岂不是更请不动了?"

张良说:"那也不一定。现在如果你能不惜金银财宝,让太子写一封言辞谦卑的信,预备好华丽的车子,再派一个能言善辩的人去诚恳邀请,他们应当能够来。"

吕泽继续问:"请来之后,又当如何?"

张良说:"商山四皓来了以后,太子一定要好好礼遇他们,把他们奉为贵宾,时常请他们陪伴自己出入朝廷,而且想方设法让皇上见到他们,那么,皇上一定会感到惊异并询问他们。只要皇上一问,便会知道这四个人的贤能。这对太子来说或许是一种莫大的帮助,太子的位置也许就可以保全。"

于是,吕后让吕泽派人携带太子的亲笔书信,用谦恭的言辞和丰厚的礼品,去迎请这四个人。商山四皓果然来了,被安排在建成侯的府第中,成为贵宾。

公元前196年,黥布谋反,当时刘邦身患重病,打算派太子率兵前往讨伐叛军。

商山四皓闻之,商量道:"我们之所以前来,就是为了保全太子之位。现在太子如果真的率军平叛，那么形势对太子来说就太危险了。"

于是，他们找到建成侯①，对他说："一定不能让太子领兵征讨叛逆啊。"

建成侯不解地问："这是为何？恳请先生赐教。"

四皓说："太子率军出征，如果侥幸获胜，那么权位也不可能高过太子；如果无功而返或者作战失利，那么，从此以后太子就要遭受祸患了。这是太子不可亲征的第一个原因。

"再说，跟太子一起出征的那些将领，都是当年曾经跟随皇上东征西讨、平定天下的猛将。如今让太子统率这些人，这与让羊指挥狼有什么两样，他们是决不肯真心实意地为太子卖力的，太子一定是无法建立功业的。这是太子不可亲征的第二个原因。"

建成侯一听，急切地问道："这如何是好？我们应该怎么办呢？"

四皓说："我们听说'宠爱母亲，一定会抱着她的儿子'，现在戚夫人日夜侍奉皇上，赵王如意常常被抱在皇上面前。皇上说：'太子太过仁爱懦弱，不像我，如意像我，我终归不能让这不成器的儿子居于我的爱子之上'，显然，赵王如意

---

① 建成侯(吕释之，？—前193)　吕后次兄，封"建成侯"，曾参与保护太子刘盈。惠帝二年卒，其子吕禄承袭爵位，后于诛吕之变中被杀。

取代太子地位是十拿九稳的事。您何不赶紧请吕后找个机会向皇上哭诉：'黥布是天下的猛将,很会用兵,现今的各位将领都是陛下过去的同辈,您却让太子去统率这些人,这与让羊指挥狼有什么两样？ 他们是不肯真心为太子效力的,而且如果让黥布知道是太子在领兵打仗,他一定会肆无忌惮地向西进犯。现在,皇上虽然有病,但还可以躺在车上指挥诸将,诸将怎敢不尽心竭力？ 皇上虽然辛苦,但是为了妻儿还是要振作一下的。'"

当夜,建成侯吕泽立即晋见吕后。天明后,吕后找了个机会,当着刘邦的面,鼻涕一把泪一把地按照四皓的授意把那番话说了。

听着听着,刘邦也不禁动了恻隐之心,叹息道："我本来就觉得不能派遣这小子去,还是老子自己去吧。"于是,刘邦亲自带兵东征,群臣与太子一直送行到霸上。

当时,张良身染重病,也勉强爬起身来,一直把刘邦送到曲邮(亦称"曲亭",今陕西西安临潼区东部)。张良对刘邦说："我本想跟随陛下一起征讨叛逆,无奈病情日重,无法相随,恳请陛下原谅。楚国人马剽悍凶猛,希望陛下一定要小心谨慎,避其锋芒,寻找战机,一举消灭黥布。"

刘邦说："子房放心,朕相信一定能够消灭黥布。但朕的心中,实在是放心不下太子。"

张良对刘邦说："那就让太子做将军，监守关中的军队吧，这样可以稳定都城的形势。"

刘邦嘱咐张良说："子房，你是朕的故交，如今虽然抱病在家，希望在朕出征的时候，你能尽心辅佐太子，以免朕在前线牵挂。"

张良说："请陛下放心，臣一定尽心竭力辅佐太子，静候陛下凯旋。"

当时，叔孙通①已经做了太傅，刘邦就任命张良担任少傅之职。

公元前195年，刘邦彻底消灭了黥布，班师回朝。当时，刘邦因为受了箭伤，病势越发沉重，更换太子的想法也越来越强烈。

张良亲自劝谏刘邦，刘邦也不听，张良只好托病，隐居在家，不再理事。

太傅叔孙通也据理力争，死保太子，他说："昔日晋献公宠爱骊姬②，废掉太子申生，晋国因此乱了几十年；秦始皇

---

① 叔孙通（生卒不详，活跃于前3世纪）　秦汉之际的儒生，为刘邦制朝仪，确立皇权威仪，官至太子太傅。主张"儒术可守成"，推动儒学复兴。

② 骊姬（？—前651）　亦称"丽姬"，名不详，春秋时期骊戎周君之女，晋献公宠妃，设计害太子申生，引发"骊姬之乱"。其子奚齐继位后被弑，骊姬遭鞭杀，事迹见《左传》《国语》。

不早立太子扶苏,致使赵高①乱政,宗庙倾覆,这些都是陛下亲眼目睹的。现在太子仁孝,天下共知,吕后与陛下共历患难,只生太子一人,如何无端背弃呢?希望陛下一定引以为戒,不要重蹈覆辙啊!"

刘邦虽然表面上答应了,但实际上还是没有放弃更换太子的念头。

有一天,刘邦在宫里摆了场宴席,太子刘盈在旁侍候喝酒。太子身后的四个老者引起了刘邦的注意,只见他们都已80多岁,满头银发,白须飘飘,精神矍铄,神采奕奕,举止不俗。

刘邦从未见过他们,感到好奇,问道:"请问四老尊姓大名?"

"臣东园公,姓唐,名秉,字宣明。"

"臣夏黄公,姓崔,名广,字少通。"

"臣角里先生,姓周,名术,字元道。"

"臣绮里季,姓吴,名实。"

刘邦大惊,说:"四老莫非就是闻名天下的商山四皓②?"

四人回答:"臣等正是。"

---

① 赵高(?—前207)　秦权宦,在秦宫管事二十余年。沙丘之谋篡改遗诏,杀扶苏立胡亥,指鹿为马独揽大权。前207被子婴设计诛杀,夷三族,加速秦亡。

② 商山四皓(生卒不详)　秦末四位隐士:东园公唐秉、夏黄公崔(转下页)

刘邦说:"朕求贤若渴,征召诸位多年,诸位都不肯奉命,现在为何又愿意跟随我儿交游呢?"

四人都说:"陛下为人傲慢,轻视士人,我们斯文之人,不愿受辱,所以只好躲到深山里去。现在太子仁义孝顺,谦恭有礼,优待士人,天下人都愿意为太子赴汤蹈火,我等自然也愿意辅佐太子。"

刘邦说:"烦劳诸位好好辅佐太子吧!"

四人依次为刘邦敬酒祝寿。祝酒完毕,刘邦就让太子离席,四皓也跟着太子一起离开了。

刘邦目送四皓离去,然后叫过戚夫人,指着四皓渐去渐远的背影,说:"我本想更换太子,而太子有这四人辅佐,羽翼已经丰满,恐怕是难以更换了。吕后日后将成为你的主母。"

戚夫人不由地放声大哭,说:"陛下千秋之后,我们孤儿寡母还能依靠谁呀? 陛下……"

刘邦也十分痛苦,又十分无奈,说:"爱妃为我跳一支楚舞吧,朕将为你唱楚歌。"

刘邦唱道:"鸿鹄高飞,一举千里。羽翮已就,横绝四海。

(接上页)广、绮里季吴实和甪里先生周术,曾为秦始皇时期的博士官,分别职掌"通古今""辨然否"和"典教职",不满秦始皇暴行而隐居商山。汉初,刘邦屡召不至,后辅佐刘盈保太子位。后人用"商山四皓"泛指有名望的隐士,也象征隐士对政局的影响。

横绝四海,当可奈何!虽有矰缴,尚安所施!"

刘邦唱了几遍,戚夫人早已经泪流满面,刘邦不忍心看到戚姬痛苦的表情,就转身离开了。

刘邦最终没有更换太子,靠的就是张良聘请商山四皓的计策。

智慧结语

借尸还魂是三十六计之一,本意是说,某些已经死亡的东西,借助某种形式又重新复活了。

作为一种军事谋略,借尸还魂就是要支配和利用那些看似不相干的人或事物,为我所用。

战争中往往存在这样的情形:对双方都有用的人或事物,往往无法仅为我所用;而那些看上去没有什么用的人或者事物,往往很容易为我所用。

作为军事指挥官,一定要密切关注战场上各种力量的此消彼长,实时监控他们,从而利用一切可以利用的力量。即使有时己方进攻暂时受挫,处于被动局面,只要善于利用战场上的各种错综复杂的矛盾,抓住有利时机,常常能够化被动为主动,最终实现己方的战略目的。

对于借尸还魂中的"尸"，我们不妨做一下广而大之的理解。那些看似无用的人或者事物固然可以理解为"尸"，而那些可以为我服务、为我效力的人或事物何尝不是另一种形式的"尸"呢？只不过，如果说前一种是消极的"尸"，那么，后一种就是积极的"尸"。

因此，商山四皓是一种"尸"，神灵鬼怪是一种"尸"，古圣先哲的威望是一种"尸"，甚至连利害关系也可以看作是一种抽象的"尸"。

至于其中的"魂"，自然是己方的战略目的，或为保全自己，或为成就大事，或为增强士气，或为定国安邦，不一而足。

第六章 淡泊名利完其身

狡兔死,良狗亨(烹);高鸟尽,良弓藏;敌国破,谋臣亡——这是古往今来能共患难而不能共富贵的君臣关系的真实写照,也是官场上屡见不鲜的残酷事实。

张良追随刘邦东征西战,出谋划策,可以说一直处于权力的中心,其卓越的才能和谋略连刘邦也不得不佩服。都说皇帝忌讳权臣,但张良一生平平稳稳,善始善终,他是如何博取刘邦的信任,做到这一点的呢?

归纳起来,不外乎有三条。

第一,居功不傲。

汉六年(前201)正月,刘邦封赏功臣。虽然张良不曾有战功,但是刘邦说:"出谋划策于营帐之中,决定胜负于千里之外,这就是子房的不世之功。你自己从齐国选择三万户作为封邑吧。"

张良说:"当初我在下邳避难,闻陛下起兵,到留县与陛下会合,这是上天把我交给陛下。陛下采用我的计谋,幸而经常有效,我受封留县就心满意足了,怎敢承受三万户的封赏。"

最后,张良只受封了"留侯"。

汉朝建立后,刘邦曾经有意让张良担任丞相,但是张良坚辞不受,并推荐了萧何。

第二,功成身退。

刘邦定都关中后,天下初定,张良借口体弱多病,闭门不出,逐步从"帝者师"退居"帝者宾"的地位,遵循着可有可无、时进时止的处事原则。在汉初刘邦翦灭异姓王的残酷斗争中,张良极少参与谋划。

后来,张良干脆向刘邦告退,他说:"我家世代为韩相,后来韩国灭亡,我不惜散尽万贯家财,替韩国向强秦报仇,天下因此而震动。现在,我侥幸凭借三寸不烂之舌成为帝王的老师,封邑多达万户,职位居于列侯,这对一个平民百姓来说已经是非常难得的了,我张良非常满足。我愿丢却人世间的事情,打算随赤松子去遨游。"

于是,张良学辟谷之术,行轻身之道。

第三,扶储固宠。

在西汉皇室的明争暗斗中,张良一直恪守"疏不间亲"的古训,但是当刘邦决意更换太子、吕后坚请之时,张良还是提供了请四皓出山的计策,最终巩固了太子的皇储地位,吕后自然感激不已。

《史记》记载,高帝驾崩时,太子刘盈即位,吕后因为张良保全惠帝,格外优待他,曾经召他入宴,强令进食,并且劝他说:"人生世上,好似白驹过隙一样迅速,何必自己苦行到这种地步啊!"

张良迫不得已,只好勉强听命进食。

或许,正是张良这种居功不傲、功成身退的策略,使得张良成为汉初三杰中唯一得善终的大臣,也成为后世的美谈。

智慧结语

明哲保身,源于《诗经·大雅·烝民》,原文是"既明且哲,以保其身"。

明哲保身,本意是指明智的人善于保全自己,现在常用来指为了个人利益,回避斗争的处世态度。

作为一种处世哲学,明哲保身得到了封建士大夫们的推崇,无论是开国元勋还是盛世官僚,无论是达官显贵还是市井小民,都以明哲保身作为处世的最高境界。

明哲保身，保的到底是什么呢？

或为全身，或为富贵，或为固宠，或为避祸，不一而足。生死攸关，孰敢掉以轻心？

然而真正做到保身的又有几人？俗话说："欲壑难平"，不断膨胀的愿望，常常让人们"这山望着那山高，不知哪山有柴烧"，最终印证了"人为财死，鸟为食亡"的古训。

当然，有时候还得看你相处的对象，摊上了勾践、汉高祖、明太祖之流，估计保身的难度还是很大的，不过机会还是有的，就看你能不能善于运用自己的政治智慧。

明哲保身发展到了现代，意思逐渐变成了贬义词，常常指因怕犯错误或有损自己利益，对原则性问题不置可否的处世态度。

附 录 一

张良大事年表

公元前 218 年   博浪沙谋刺秦皇

公元前 209 年   在下邳率一百余人起义

公元前 208 年   建议项梁封立韩成,担任韩国丞相

公元前 207 年   为刘邦设计夺取宛城和崤关

公元前 206 年   鸿门宴上助刘邦脱身;建议刘邦火
烧栈道

公元前 205 年   提出下邑之谋,设计笼络英布、彭
越、韩信

公元前 204 年   劝阻刘邦分封六国后代

公元前 203 年   力主封韩信为齐王

公元前 202 年   建议刘邦追击并彻底消灭项羽;劝

谏刘邦定都关中

公元前 201 年　受封为留侯;建议刘邦封雍齿

公元前 197 年　提出请商山四皓之计

公元前 196 年　担任少傅之职,辅佐太子

公元前 186 年　张良去世

附录二　史书上的张良

《史记·留侯世家》节选

（一）

居下邳，为任侠。项伯常杀人，从良匿。

后十年，陈涉等起兵，良亦聚少年百余人。景驹自立为楚假王，在留。良欲往从之，道遇沛公。沛公将数千人，略地下邳西，遂属焉。沛公拜良为厩将。良数以《太公兵法》说沛公，沛公善之，常用其策。良为他人言，皆不省。良曰："沛公殆天授。"故遂从之，不去见景驹。

及沛公之薛，见项梁。项梁立楚怀王。良乃说项梁曰："君已立楚后，而韩诸公子横阳君成贤，可立为王，益树党。"项梁使良求韩成，立以为韩王。以良为韩申徒，与韩王将千余人西略韩地，得数城，秦辄复取之，往来为游兵颍川。

沛公之从洛阳南出轘辕，良引兵从沛公，下韩十余城，击破杨熊军。沛公乃令韩王成留守阳翟，与良俱南，攻下宛，西入武关。沛公欲以兵二万人击秦峣下军，良说曰："秦兵尚强，未可轻。臣闻其将屠者子，贾竖易动以利。愿沛公且留壁，使人先行，为五万人具食，益为张旗帜诸山上，为疑兵，令郦食其持重宝啖秦将。"秦将果畔，欲连和俱西袭咸阳，沛公欲听之。良曰："此独其将欲叛耳，恐士卒不从。不从必危，不如因其解击之。"沛公乃引兵击秦军，大破之。逐北至蓝田，再战，秦兵竟败。遂至咸阳，秦王子婴降沛公。

译文

张良居住下邳，仗义行侠。项伯曾经杀人，跟随张良躲藏。

过了十年，陈涉等起兵反秦，张良也聚集少年一百余人。景驹自立为楚代理王，驻在留县。张良打算前往跟随他，途中遇上沛公。沛公率领几千人，夺取下邳西边的土地，张良于是跟随了沛公。沛公拜张良为厩将。张良多次用《太公兵法》游说沛公，沛公很赏识他，经常采用他的计策。张良对别人讲兵法，都不省悟。张良说："沛公大概是上天授予他才智。"因此跟随沛公，不去拜见景驹。

等到沛公来到薛县，会见项梁。项梁拥立了楚怀王。张良于是游说项梁说："您已经立了楚王的后代，而韩国诸公子中横阳君成贤德,可以立为王,增加同盟者的力量。"项梁派张良寻求韩成,拥立为韩王。任用张良为韩国司徒,与韩王率领一千多人西去攻取韩国原来的土地,夺取了数座城池,秦国总是再夺回去,韩军往来游动于颍川地区。

沛公从洛阳南穿过轩辕山时,张良领兵跟随沛公,攻下韩国十多座城邑,击破了杨熊的军队。沛公于是让韩王成留守阳翟,自己与张良一起往南,攻下宛县,西入武关。沛公打算用二万军队进击秦朝的峣关下的军队,张良游说,说:"秦军还很强,不可以轻敌。我听说那位守关的将领是屠夫的儿子,这种商人型的人是可以用利买动他的心的。希望沛公暂且留守军营,派人先行,为五万人准备吃的东西,在各山头张挂很多旗帜,作为疑军,派郦食其拿着贵重宝物去收买秦国守关的将领。"秦将果然背叛秦朝,想与沛公军队联合,一起西去袭击咸阳,沛公想采纳他的意见。张良说:"这只是秦将准备反叛罢了,恐怕士兵不顺从。士兵不顺从一定危险,不如乘他们懈怠,我们去攻打他们。"沛公于是率军袭击秦军,把他们打得大败。沛公追赶他们往北到达蓝田,再次交战,秦军终于溃败。沛公于是率军来到咸阳,秦王子婴投降了沛公。

(二)

刘敬说高帝曰:"都关中。"上疑之。左右大臣皆山东人，多劝上都洛阳："洛阳东有成皋，西有殽黾，倍河，向伊洛，其固亦足恃。"留侯曰："洛阳虽有此固，其中小，不过数百里，田地薄，四面受敌，此非用武之国也。夫关中左殽函，右陇蜀，沃野千里，南有巴蜀之饶，北有胡苑之利，阻三面而守，独以一面东制诸侯。诸侯安定，河渭漕挽天下，西给京师；诸侯有变，顺流而下，足以委输。此所谓金城千里，天府之国也，刘敬说是也。"于是高帝即日驾，西都关中。

译文

刘敬劝导高帝说："在关中建都。"皇上很疑虑。左右大臣都是山东人，大多数都劝皇上建都洛阳，他们说："洛阳东边有成皋，西边有殽黾，背靠着黄河，面向伊洛，地势的坚固也足够依恃的了。"留侯说："洛阳虽然有此坚固，但它的中间地方小，不过数百里，田地瘠薄，四面受敌，这里不是用武之国的所在地。关中左边有殽山、函谷关，右边有陇山、蜀山，肥沃田野千里，南面有巴、蜀的丰富资源，北边有胡苑的牧马的草原，依靠三面险阻的地形防守，而独以一面向东控制诸侯。假如诸侯安定，由黄河、渭河水上运输天下的粮草货物，往西供给京师；假如诸侯发生变故，则顺流而下，足以转运军需物资。这就是所说的金城千里，天府之国，刘敬说的是对的。"于是高帝当天起驾，西去定都于关中。

（三）

留侯从上击代，出奇计马邑下，及立萧何相国，所与上从容言天下事甚众，非天下所以存亡，故不著。留侯乃称曰："家世相韩，及韩灭，不爱万金之资，为韩报仇强秦，天下震动。今以三寸舌为帝者师，封万户，位列侯，此布衣之极，于良足矣。愿弃人间事，欲从赤松子游耳。"乃学辟谷，道引轻身。会高帝崩，吕后德留侯，乃强食之，曰："人生一世间，如白驹过隙，何至自苦如此乎！"留侯不得已，强听而食。

后八年卒，谥为文成侯。子不疑代侯。

子房始所见下邳圯上老父与《太公书》者，后十三年从高帝过济北，果见谷城山下黄石，取而葆祠之。留侯死，并葬黄石。每上冢伏腊，祠黄石。

留侯不疑，孝文帝五年坐不敬，国除。

太史公曰：学者多言无鬼神，然言有物。至如留侯所见老父予书，亦可怪矣。高祖离困者数矣，而留侯常有功力焉，岂可谓非天乎？上曰："夫运筹策帷帐之中，决胜千里外，吾不如子房。"余以为其人计魁梧奇伟，至见其图，状貌如妇人好女。盖孔子曰："以貌取人，失之子羽。"留侯亦云。

译文

留侯跟随皇上进击代国，献出奇计，取下了马邑，以及劝说皇上立萧何为相国，他与皇上从容谈论天下的事情很多，因为不是关于天下存亡的大事，所以没有记载。留侯于是称说："我家世代做韩国丞相，等到韩国灭亡，我不爱惜万金家资，替韩国向强大的秦国报仇，普天之下为之震动。如今凭着三寸之舌成为皇帝的老师，封万户，位列侯，这是一个平民发迹到了顶点，我张良已经满足了。愿意抛弃人间富贵，想跟随赤松子去遨游。"于是学习道家的辟谷之术，静居运气，道引轻身。正逢高帝去世，吕后感恩留侯，就强迫留侯吃东西，说："人生一世间，如同白驹过隙，为什么要自找苦吃到这种地步呢！"留侯不得已，勉强听太后的意见而吃东西。

八年后留侯去世，谥为文成侯。儿子不疑继承侯位。

张子房当初所见到的下邳桥上交给他《太公书》的老人，十三年后张良跟随高帝经过济北时，果然见到谷城山下有块黄石，就取回此块黄石，奉若至宝，祭祀它。留侯死了，便一起埋葬了黄石。张良家人每逢节日上坟扫墓祭祀张良时，也同时祭祀黄石。

留侯不疑，孝文帝五年因犯了不敬之罪，封国被废除。

太史公曰：学者大都说没有鬼神，可是却说有精怪。至于像留侯所见的老父给予他书，也可以称得上奇怪了。高祖多次遭遇困境，而留侯经常在这时出力建功，难道可以说这不是天意吗？皇上说："在帷帐中出谋划策，决胜千里之外,我不如张子房。"我认为这个人大概是高大奇伟的,等到看见他的图像,相貌就像妇人美女。孔子说过:"按照相貌评论人,我对子羽就有所失误。"对于留侯也应这样说罢。

《汉书·张陈王周传》节选

(一)

汉三年,项羽急围汉王于荥阳,汉王忧恐,与郦食其谋桡楚权。郦生曰:"昔汤伐桀,封其后杞;武王诛纣,封其后宋。今秦无道,伐灭六国,无立锥之地。陛下诚复立六国后,此皆争戴陛下德义,愿为臣妾。德义已行,南面称伯,楚必敛衽而朝。"汉王曰:"善。趣刻印,先生因行佩之。"

郦生未行,良从外来谒汉王。汉王方食,曰:"客有为我计桡楚权者。"具以郦生计告良,曰:"于子房何如?"良曰:"谁为陛下画此计者? 陛下事去矣。"汉王曰:"何哉?"良曰:"臣请借前箸以筹之。昔汤武伐桀纣封其后者,度能制其死命也。今陛下能制项籍死命乎? 其不可一矣。武王入殷,表商容间,式箕子门,封比干墓,今陛下能乎? 其不可二矣。发巨桥之粟,散鹿台之财,以赐贫穷,今陛下能乎? 其不可三矣。殷事以毕,偃革为轩,倒载干戈,示不复用,今陛下能乎？其不可四矣。休马华山之阳，示无所为，今陛下能乎？其不可五矣。息牛桃林之野，天下不复输积，今陛下能乎？其不可六矣。且夫天下游士，离亲戚，弃坟墓，去故旧，从陛下者，但日夜望咫尺之地。今乃立六国后，唯无复立者，游士各归事其主，从亲戚，反故旧，陛下谁与取天下乎？其不可七矣。且楚唯毋强，六国复桡而从之，陛下焉得而臣之？其不可八矣。诚用此谋，陛下事去矣。"汉王辍食吐哺，骂曰："竖儒，几败乃公事！"令趣销印。

译文

汉三年，项羽在荥阳急围汉王，汉王忧虑恐慌，和郦食其谋划削弱楚的权力。郦生说："从前汤伐桀，封其后人于杞；武王杀纣，封其后代于宋。现在秦不行大道，消灭六国，没有立锥之地。陛下果真能再立六国的后代，他们都会感激陛下的德义，愿做您的奴仆。德义已行，面向南称霸，楚一定会恭敬地来朝见。"汉王说："好。赶快刻印，先生去授与他们。"

郦生还没走，张良从外面来谒见汉王。汉王正吃饭，说："有门客为我谋划削弱楚权。"把郦生的计谋都告诉了张良，说："子房看怎么样？"

张良说："谁给陛下策划的？陛下的大事要完了。"汉王说："为什么？"张良说："臣请求用面前的筷子来比划。从前武王伐桀纣而分封其后代,是估计能制他们的死命。现在陛下能制项籍死命吗?这是第一个不行的原因。武王攻入殷,表彰商容、箕子之家,封比干之墓,现在陛下能吗?这是第二个不行的原因。打开巨桥的粮仓,散发鹿台的财物,来赏赐贫困者,现在陛下能吗?这是第三个不行的原因。灭殷事完,收起兵车制成轩车,倒放干戈,表示不再用,现在陛下能吗?这是第四个不行的原因。让马在华山之阳休息,表示无所作为,现在陛下能吗?这是第五个不行的原因。让牛在桃林的原野上休息,天下不再征税,现在陛下能吗?这是第六个不行的原因。并且现在天下的游士,告别亲戚,抛弃祖坟,离开故友,来跟随陛下,只是日夜盼望有咫尺的地方。现在却封立六国后代,天下无处可再封立,游士各自回去事奉自己的主人,跟随亲戚,重交旧友,谁跟陛下攻取天下呢?这是第七个不行的原因。而且如今只有楚国强大,如果六国又去屈从它,陛下怎能统治他们呢?这是第八个不行的原因。如果真用了这个计策,陛下的事业就完了。"汉王停止吃饭,吐出口中的食物,骂道:"混账儒生,几乎坏了你老子的事!"命令赶快销毁封印。

(二)

上欲废太子,立戚夫人子赵王如意。大臣多争,未能得坚决也。吕后恐,不知所为。或谓吕后曰:"留侯善画计,上信用之。"吕后乃使建成侯吕泽劫良，曰："君常为上谋臣，今上日欲易太子，君安得高枕而卧？"良曰："始上数在急困之中，幸用臣策；今天下安定，以爱欲易太子，骨肉之间，虽臣等百人何益！"吕泽强要曰："为我画计。"良曰："此难以口舌争也。顾上有所不能致者四人。四人年老矣，皆以上嫚姆士，故逃匿山中，义不为汉臣。然上高此四人。今公诚能毋爱金玉璧帛，令太子为书，卑辞安车，因使辨士固请，宜来。来，以为客，时从入朝，令上见之，则一助也。"于是吕后令吕泽使人奉太子书，卑辞厚礼，迎此四人。四人至，客建成侯所。

　　汉十一年，黥布反，上疾，欲使太子往击之。四人相谓曰："凡来者，将以存太子。太子将兵，事危矣。"乃说建成侯曰："太子将兵，有功即位不益，无功则从此受祸。且太子所与俱诸将，皆与上定天下枭将也，今乃使太子将之，此无异使羊将狼，皆不肯为用，其无功必矣。臣闻'母爱者子抱'，今戚夫人日夜侍御，赵王常居前，上曰'终不使不肖子居爱子上'，明其代太子位必矣。君何不急请吕后承间为上泣，言：'黥布，天下猛将，善用兵，今诸将皆陛下故等夷，乃令太子将，此属莫肯为用，且布闻之，鼓行而西耳。上虽疾，强载辎车，卧而护之，诸将不敢不尽力。上虽苦，强为妻子计。'"于是吕泽夜见吕后。吕后承间为上泣而言，如四人意。上曰:"吾唯之,竖子固不足遣,乃公自行耳。"于是上自将而东,群臣居守,皆送至霸上。良疾,强起至曲邮,见上曰:"臣宜从,疾甚。楚人剽疾,愿上慎毋与楚争锋。"因说上令太子为将军监关中兵。上谓"子房虽疾,强卧傅太子"。是时叔孙通已为太傅,良行少傅事。

译文

皇上想废太子,立戚夫人的儿子赵王如意为太子。很多大臣争辩,没能改变皇上的决心。吕后害怕,不知怎么办。有人对吕后说:"留侯善于谋划,皇上信任他。"吕后便派建成侯吕泽劫住张良,说:"您做了皇上多年的谋臣,现在皇上每天都打算换太子,您怎能高枕无忧?"张良说:"以前皇上多次在急困中,能有幸采用臣的计策;现在天下安定,因为偏爱而更换太子,骨肉之间,即使有我们一百人又有什么用?"吕泽坚持要求说:"给我出个主意。"张良说:"这难用口舌去争。想皇上不能招来的有四个人。四个人已经年老,都因为皇上慢待士人,所以逃避山中,守义不做汉臣。但皇上尊敬这四个人。现在您果真能不惜金玉璧帛,让太子写信,谦辞安车,再让善辩者坚请,应当会来。来了以后就把他们作为贵客,时常带着入朝,让皇上看见,对太子是一个帮助。"于是吕后让吕泽派人带着太子的信,谦辞厚礼,迎这四人。四人到了,住在建成侯那里。

汉十一年，黥布谋反，皇上有病，想让太子去攻打。四人商量说："我们来是为了保住太子。太子率兵，事情危险了。"便劝建成侯说："太子率兵，有功而地位不会提高，无功便从此遭祸。并且和太子一起出征的各将帅，都是和皇上平定天下的猛将，现在让太子率领他们，这无异于让羊率领狼，都不肯被使用，一定会没有战功。臣听说'母亲受宠，所生之子也会受到抚爱'，现在戚夫人日夜侍奉皇上，赵王常在面前，皇上说'到底不能让不肖的儿子位于爱子之上'，表明他一定会代替太子的地位的。您为什么不赶快请吕后找机会对皇上哭诉，说：'黥布，天下的猛将，善于用兵，现在各将领都是以前和陛下同辈的人，现在派太子率领，这些人不能被使用，并且黥布听说后，便会击鼓西进了。皇上虽然有病，勉强乘坐辎车，躺着监督他们，各将领不敢不尽力。皇上虽然劳苦，勉强为妻儿打算一下。'"于是吕泽夜里会见吕后。吕后找机会向皇上哭诉，都按四人的意思。皇上说："我想过了，混小子本来不能派遣，你老子自己去吧。"于是皇上自己率军东征，群臣留守，都送到霸上。张良有病，勉强起身到曲邮，见到皇上说："臣应随从，病得厉害。楚人强悍，希望皇上小心不要和楚争雄。"接着劝皇上让太子做将军监督关中之兵。皇上说"子房虽然生病，勉强躺着教导太子"。这时叔孙通已做了太傅，张良负责少傅工作。

（三）

汉十二年，上从破布归，疾益甚，愈欲易太子。良谏不听，因疾不视事。叔孙太傅称说引古，以死争太子。上阳许之，犹欲易之。及宴，置酒，太子侍。四人者从太子，年皆八十有余，须眉皓白，衣冠甚伟。上怪，问曰："何为者?"四人前对，各言其姓名。上乃惊曰："吾求公，避逃我，今公何自从吾儿游乎?"四人曰："陛下轻士善骂，臣等义不辱，故恐而亡匿。今闻太子仁孝，恭敬爱士，天下莫不延颈愿为太子死者，故臣等来。"上曰："烦公幸卒调护太子。"

四人祝寿已毕，趋去。上目送之，召戚夫人指视曰："我欲易之，彼四人为之辅，羽翼已成，难动矣。吕氏真乃主矣。"戚夫人泣涕，上曰："为我楚舞，吾为若楚歌。"歌曰："鸿鹄高飞，一举千里。羽翼以就，横绝四海。横绝四海，又可奈何! 虽有矰缴，尚安所施!"歌数阕，戚夫人歔欷流涕。上起去，罢酒。竟不易太子者，良本招此四人之力也。

译文

汉十二年，皇上打败黥布回来，病得更加厉害，愈发想更换太子。张良劝谏不听，因病不上朝。叔孙太傅引古事说讲，以死为太子争位。皇上假装答应他，仍想换太子。设宴会时，摆酒，太子侍奉。有四人跟着太子，年纪都八十多，头发眉毛雪白，衣冠不凡。皇上奇怪，问道："你们是干什么

的?"四人上前答话,各说自己的姓名。皇上便吃惊地说:
"我邀请你们,你们逃避我,现在你们为什么跟我儿子交游
呢?"四人说:"陛下轻视士人爱骂人,我们为义不受辱,所以
害怕而逃避。现在听说太子仁孝,恭敬爱惜士人,天下没有
不伸着脖子愿为太子死的,所以我们前来。"皇上说:"有幸
烦劳各位终于能来调教护卫太子。"

四人祝寿完毕,趋步离开。皇上目送他们,叫来戚夫人
指给她看说:"我想换太子,这四人为他辅佐,羽翼已成,难
动摇了。吕氏真的是你的主子。"戚夫人哭泣,皇上说:"给
我跳楚舞,我给你唱楚歌。"唱道:"鸿鹄高飞,一冲千里。羽
翼已成,横渡四海。横渡四海,又能怎样! 便有弓箭,又有
何用!"唱了几曲,戚夫人呜咽哭泣。皇上起身走开,撤酒。
最终没有更换太子,这是张良招来这四人的功劳。

附录三 经典锦囊

成 语

孺子可教

典故:张良年轻时,在桥上遇到一位老人(黄石公)。老人故意把鞋扔到桥下,让张良去捡并帮他穿上。张良虽感惊讶,但还是照做了。老人见张良能忍,便约他五日后凌晨在此相见。前两次张良迟到,第三次他半夜就去了,老人这才满意,送给他一部《太公兵法》,并称他"孺子可教"。张良苦读此书,终成一代谋士。

运筹帷幄

典故:刘邦称帝后,在洛阳南宫大宴群臣。他问群臣自己为何能得天下,而项羽为何失天下。高起、王陵等认为是刘邦能论功行赏,而项羽不能。刘邦则说:"夫运筹帷幄之中,决胜千里之外,吾不如子房(张良)。"意思是张良能在营帐中制定出正确的战略战术,使军队在千里之外取得胜利。

明哲保身

典故:汉朝建立后,张良深知"狡兔死,良狗亨(烹);高鸟尽,良弓藏"的道理,他看到许多功臣如韩信等结局悲惨,便选择急流勇退。他极少参与朝政,闭门不出,专心修炼道家养生之术,以此保全自己,避免了政治上的灾祸,体现了"明哲保身"的智慧。

博浪飞椎

典故:据《史记·留侯世家》,张良为韩国贵族后裔,秦灭韩后,张良为报国仇,倾其家财寻求刺客刺杀秦始皇。他找到一个大力士,制造了一个一百二十斤重的大铁椎。在秦始皇东巡至博浪沙时,张良与大力士埋伏于此,大力士将铁椎投向秦始皇的车驾,可惜误中副车,秦始皇逃过一劫。

急流勇退

典故:出自宋·苏轼《赠善相程杰》诗"火色上腾虽有数,急流勇退岂无人"。张良在汉朝建立后,深知功高震主的危险,同时看到许多功臣的悲惨结局,便选择在极盛之时,主动退出官场,远离政治斗争,专心修道,以保全身家性命,是"急流勇退"的典型人物。

谚　语

张良计,过墙梯:意思是你有厉害的计谋,我也有应对的办法,用来形容双方都有对策,互不相让。

歇后语

张良卖剪刀——贵贱一样货:传说张良曾卖过剪刀,不管别人出高价还是低价,他都一样卖,形容人做事不看重钱财,比较豁达。

韩信点兵,张良卖剑——各有千秋:韩信善于领兵打仗,张良足智多谋,用此歇后语形容两人各有各的长处和优点。